당신은 세상에서 가장 소중한 사람입니다.

사랑하는 .... 에게

....

....

....

드림

설교에 맛을 내는 예화10 선교, 전도

초판 1쇄 인쇄 | 2011년 3월 1일
초판 1쇄 발행 | 2011년 3월 1일

지은이 | 한치호
교 정 | 최화숙
편 집 | 최영규
펴낸이 | 정신일
펴낸곳 | 크리스천리더
주 소 | 부천시 원미구 중동 667-16 (2층)
연락처 | ☎ (032)342-1979 fax.(032)343-3567
홈페이지 | www.cjesus.co.kr
총 판 | 생명의 말씀사 (02)3159-8211
등 록 | 제2-2727호(1999. 9. 30.)
    ISBN 978-89-93273-89-2 04230
    ISBN 978-89-93273-63-2 (세트)

값 5,800원

저자와의 협약 아래 인지는 생략되었습니다.
이 출판물은 저작권법에 의해 보호를 받는 저작물이므로
무단전재와 무단복제를 할 수 없습니다.

■ 잘못된 책은 구입하신 곳에서 바꾸어 드립니다.

설교에 맛을 내는 예화 10

Preaching with good Story

[선교, 전도]

CLS 크리스천리더

추천사

설교에 맛을 내는 예화

목회자가 하나님의 말씀을 쉽게 전달하기 위해서는 참신하고 호소력 있는 예화들이 필요하다.

그러나 우리는 예화 자료를 얻기가 쉽지 않다. 설교를 준비해 본 사람이면 예화자료의 부족으로 한 두 번쯤은 고민해 본 경험을 갖고 있을 것이다.

본인과 늘 가까이 대하는 좋은 후배로서, 언제나 동역자로 함께 지내오고 있는 한치호 목사가 설교자들을 돕기 위하여 하나님의 말씀 전파를 돕는 예화를 엮는다는 소식을 접하였을 때 흐뭇하였다.

사실, 우리는 기독교 서점에 나가보면 이런 저런 형태의 예화집들을 쉽게 대하게 된다. 그럼에도 이 예화집에 기대를 거는 것은 주제별로 예화를 묶는 것에 있다.

한가지 소재를 가지고 설교 원고를 작성했을지라도 그 주제에 꼭 알맞은 예화를 선택하는 데는 시간을 필요로 한다. 그런데 동일한 주제에 맞는 예화들을 1백편 이상 추려서 한 권의 책으로 엮는다니 얼마나 좋은 아이디어인가!

우리는 예수님께서 천국복음을 전파하실 때, 아주 적절하게 예화를 사용하셨음을 알고 있다.

본문을 풍성하게 해주는 적절하고 은혜로운 예화의 사용은 성도들에게 설교의 성패를 좌우할 수 있다.

설교에 있어서 예화의 사용은 설교의 문을 여는 역할을 하며 윤활유와 같다. 교회를 담임하고 평생을 설교를 해온 본인의 경험으로는 하나님의 말씀을 듣기 전에 대하게 되는 예화가 강단에 끼치는 영향은 매우 크다고 할 수 있다.

우선, 성도들이 설교를 이해하는데 도움을 주고, 둘째로 설교의 내용을 오래 기억하게 하며, 셋째는 설교를 되새길 수 있는 여유를 주는 까닭에 설교에 있어서 없어서는 안 되는 요소라 하겠다.

목회자들의 강단과 성도들의 은혜를 고려한 예화를 엮는 작업에 있어서 한치호 목사는 부족함 없는 사람이다.

그는 지금까지의 삶을 하나님의 종으로서 훌륭한 모습을 보여 왔기에, 그의 인품을 보아 좋은 책을 엮어 내리라고 기대하며, 즐거운 마음으로 추천한다.

이충선 목사(경기노회 전노회장, 예장합동)

차 례

추천사 이충선 목사
들어가는 글 선교, 전도

1. 때를 얻든지 못 얻든지

01. 포기하지 않는 충성_18
02. 지나친 희생_20
03. 1페니 헌금의 겨자씨_22
04. 눈물 있는 사랑_24
05. 더 높으신 분의 부름_26
06. 때를 얻든지 못 얻든지 전할 말씀_28
07. 믿음과 순교_30
08. 백정과 해방의 복음_32
09. 사랑의 언어_34
10. 심은 대로 거둔다_36
11. 아프리카로 간 슈바이처_38
12. 어떤 할머니의 특별한 전도법_40
13. 여성 해방자 예수_42
14. 예수를 만나는 길_44
15. 유대교와 기독교의 근본적인 차이_46
16. 슈바이처_48
17. 조선 여자에게 피부를 떼어준 외국인_50

18. 조선의 바울 : 김창식_52
19. 천당 지점?_54
20. 평화의 제물_56
21. 풍랑 가운데 찬송하는 사람들_58
22. 히틀러가 폭군이 된 책임_60
23. 너는 왜 못 가느냐?_62
24. 윌리엄 캐리의 불굴의 믿음_64
25. 할렐루야를 외치고 싶어서_66

2. 내 증인이 되리라

01. 불한당들에게 복음을 전한 여학생_70
02. 윌리엄 캐리_72
03. 자기 자녀를 지키시는 하나님_74
04. 캐나다 선교회의 밀알_76
05. 주인을 전도한 머슴의 믿음_78
06. 와서 보라_80
07. 나는 혼자가 아닙니다_82
08. 그리스도의 사랑_84
09. 전도하는 즐거움_86
10. 술주정꾼을 전도한 무디_88
11. 남편 전도법_90
12. 로마시대 40명의 순교자_92
13. 폴리캅의 순교_94
14. 언더우드와 키니네 장사_96
15. 당당한 그리스도인_98

16. 핍박받는 자의 복_100

17. 순교자_102

18. 순교의 피_104

19. 나는 죽어도 예수를 믿습니다_106

20. 나는 크리스천입니다_108

21. 똥을 퍼먹은 허임_110

22. 불꽃도 나를 사르지 못하리라_112

23. 예수님의 죽으심을 본받아_114

24. 순교자의 교훈_116

25. 먼저 내가 죽어야(목사가 먼저 죽어야)_118

3. 이를 위하여

01. 죽음 앞에서도 변치 않는 믿음_122

02. 이그나티우스_124

03. 전도의 방법_126

04. 전도는 인내다_128

05. 전도 노하우 ①_130

06. 전도 노하우 ②_132

07. 전도 노하우 ③_134

08. 전도 노하우 ④_136

09. 호객꾼이 전도꾼으로_138

10. 전도지를 버리지 마세요_140

11. 전도_142

12. 선교사들의 가방_144

13. 보리죽만 먹은 선교사_146

14. 사도바울은 선교사로 부적격 탈락_148
15. 순교자 아들의 세례식_150
16. 무함마드 산을 옮기다_152
17. 선교사 지망생_154
18. 단기선교팀원 꼴불견형 15가지_156
19. 복음의 씨앗이 놀라운 결실을 맺어_158
20. 세상을 바꾼 선교지 이야기_160
21. 어떤 전도_162
22. 개척 정신의 위상_164
23. 예수는 별로 중요한 분이 아니야_166
24. 빌 보든의 선교_168
25. 십대 순교자들_170

4. 뜻을 행한 후에

01. 지게꾼 전도자_174
02. 더프 선교사_176
03. 피지 선교사_178
04. 2년 반만 살더라도_180
05. 눈물의 씨_182
06. 말더듬이의 전도_184
07. 카터 대통령의 전도_186
08. 존 겟디의 기념비_188
09. 코 없는 선교사_190
10. 영국의 캐리_192
11. 전도지 한 장의 열매_194

12. 헨리 스탠리_196
13. 최 권능 목사의 전도_198
14. 본 회퍼 목사_200
15. 스테픈 올린의 꿈_202
16. 필사의 경주_204
17. 하나님의 십자가 사랑_206
18. 그리스도인이기 때문에_208
19. 힘이 다할 때까지_210
20. 인간의 의지와 하나님의 뜻_212
21. 존의 성령교회_214
22. 지체 말고 전도하라_216
23. 전도의 사표_218
24. 6가지 '무'로 전도하라._220
25. 찰스 안 박사의 전도방법_222

예수의 이름을 맡기네

내 소망은 예수의 피와 보혈의 의 밖에 없네.
이 세상의 어떠한 좋은 것도 나 의지하지 않네.

오직 예수의 이름에 맡기네
굳건한 반석되시는 그리스도 위에 내가 서네.
모든 다른 땅은 가라앉는 모래 땅일세.

어둠이 그의 사랑하시는 얼굴 가리울 때,
나는 그의 변함없는 은혜를 의지하네.

아무리 높고 거센 질풍 속에서도,
내 닻은 그 베일 안에 든든하게 있네.

그의 맹세, 그의 약속, 그의 피가
압도하는 홍수 속에서 나를 지탱하여 준다.
내 영혼 주위에 둘러싸고 있는 것이
나를 절망케 하지만
그때 그는 나의 소망이요, 내 정착지 전부이다.
나는 그리스도, 굳건한 반석 위에 나는 선다.
다른 모든 땅은 가라앉은 모래 땅일세.

-로이드 존스-

설교에 맛을 내는 예화10-선교, 전도

26세의 나이에 진보된 세상을 뒤로 하고 오직 예수님의 심장을 가지고 이 땅을 찾아와 이 땅으로 하여금 주님의 복음을 알게 한 한 청년이 있었다. 그 청년은 처음에는 인도 선교사로 갈 생각을 하고 많은 준비를 하고 있었다.

그러던 중에 브룬스윅 신학교 안에서 선교세미나가 열렸는데, 그 세미나에서 일본에서 선교하던 앨트먼(*Altmans*) 목사가 은자의 나라(*the Hermit Kingdom*)에 관한 보고를 하게 되었다. 물론 그 은자(隱者)의 나라는 한국을 가리키는 말이었다. 그 보고에 이어서 앨트먼 목사는 한국이 지금 문호를 개방하였는데, 1,200만 되는 인구에 아직 복음이 들어가지 못했으니까 앞으로 한국선교를 위해서 미국교회가 지금 무엇을 해야 한다고 아주 열변을 토하였다.

그러나 그 세미나 이후 일 년 동안이나 한국선교는 아무도 지원하지 않았고, 어떤 교회도 선교사를 보내려고 하지 않았으며, 심지어 해외선교의 지도급 인사들조차도 한국에 나가는 것은 시기상조라는 글을 쓸 정도였다.

그때에 인도 쪽을 생각하며 선교를 준비하고 있었던 한 청년의 마음속에 자꾸만 "왜 너는 한국에 가지 않느냐?" 하는 음성이 떠올랐다. 그러던 중에 이제 한 교회의 청빙을 받고 인도 선교 쪽으로 마음을 정하고 그 청빙 수락 편지를 써서 봉투에 넣고 막 우체통에 집어넣으려는 순간, 그 청년은 그 신비한 음성을 다시 듣게 되었다.

"한국에 갈 사람이 하나도 없다. 그럼 한국은 어떻게 될까?"

바로 이 신비한 음성을 듣고 그 청년은 마침내 한국행을 결단하게 되었다. 바로 이 청년이 26세의 나이에 진보된 세계를 뒤로 하고 이 땅을 찾아와 그리스도의 복음을 전하였던 언더우드 선교사이다.

그런데 언더우드가 한국으로 오기를 결심하였을 때 한 가지 큰 걸림돌이 있었다. 그것은 바로 결혼 문제였다.

신학교를 졸업할 때 언더우드는 25세였고, 곧 결혼할 약혼녀도 있었다. 그는 약혼녀에게 당신이 나와 결혼하면 곧 나와 코리아로 갈 수 있느냐고 물었다. 이 말에 약혼녀가 언더우드에게 질문했다.

"그곳은 무엇을 먹고 사나요?"

"모릅니다."

"그럼, 그곳에는 병원이 있나요?"

"모릅니다."

"그럼, 도대체 당신이 아는 것은 무엇인가요?"

"내가 딱 한 가지 아는 것은 그곳에는 하나님을 모르고 있는 2,000만 명의 생명이 있다는 것입니다."

이 대답으로 언더우드는 약혼녀로부터 파혼을 당하고 말았다. 그 후 1885년 4월, 서울에 도착한 26세의 총각 언더우드는 3년 동안 배우자를 위해 기도한 결과 한국에 의료선교 하러 온 8년 연상의 의사 홀튼 양과 고종황제의 주례로 결혼하였다.

오늘 언더우드의 이야기가 우리에게 도전이 될 수 있기를 바란다. 그래서 우리도 정말 가슴이 뜨거워졌으면 좋겠다. 한 영혼 때문에...

더 많은 영혼을 주세요

하나님은 죄인 한 사람이 구원 받는 것을 그렇게 바라고 기뻐하시는 것이다. 예수님은 십자가에서 죽어 가면서도 한 명의 강도의 구원에 심령을 기울였다.

너무나 아파서 견딜 수가 없는 그 지경인데도 옆에 있는 죄인이 "주여, 주의 나라에 임할 때 나를 기억하소서."

주님이 그 기도를 들으시고 "네가 오늘날 나와 함께 낙원에 있으리라" 마지막 숨을 거두기 전까지라도 죄인이 회개하면 주님이 구원하시는 것이다.

이제 얼마 있지 아니하면 주님께서 재림하신다. 주님께서 새 하늘과 새 땅과 새 예루살렘으로 우리를 옮기시는 것이다.

그때까지 예수님은 하늘나라 백성을 준비하시고 예비하시는 것이다. 우리는 그날이 올 때까지 열심히 전도해서 더 많은 영혼을 주께로 인도하고 구원하는 우리들이 되어야 한다.

01
때를 얻든지 못 얻든지

너는 말씀을 전파하라 때를 얻든지 못 얻든지 항상 힘쓰라 범사에 오래 참음과 가르침으로 경책하며 경계하며 권하라(딤후 4:2).

01 포기하지 않는 충성

 어느 선교사가 여러 해 동안 아프리카에 수많은 열정과 노력을 쏟았음에도 불구하고 선교의 열매를 거두지 못하였다. 그러던 어느 날 큰아들과 작은아들이 병에 걸려 시름시름 앓다가 세상을 떠났다. 두 아들을 잃은 충격에 부인도 얼마 지나지 않아 세상을 떠나고 말았다. 그 선교사는 한꺼번에 두 아들을 잃고 부인마저 세상을 떠나보낸 슬픔에 비관하게 되었다. '하나님께서는 왜 나에게 이런 큰 시련을 주실까? 나에게 이 선교가 무슨 유익이 있는가.' 그는 고민하다가 결국 선교를 포기하기로 결심했다.

 그는 모든 짐을 싸서 고향인 미국으로 돌아가는 배에 탔다. 마침 그 배에는 휴가를 얻어 아프리카에서 사냥을 하고 돌아오는 미국의 대통령이 타고 있었다. 배가 샌프란시스코에 도착하였을 때 대통령을 맞이하기 위하여 온 수많은 사람들이 선착장에 나와 있었다. 군악대들의 예포소리와 함께 붉은 주단이 깔리고 사람들은 환호했다. 대통령이 선착장을 빠져나가자 군악대의 나팔소리도 멈추고 사람들도 모두 돌아갔다. 그 뒤를 선교사는 홀로 고독하게 내려오면서 이런 생각을 했다. '휴가를 갔다 오는 대통령은 저렇게 큰 환영을 받는데, 선교를 하다가 두 아들과 부인을 잃고 돌아오는 나를 맞이하는 사람들은 아무도 없구나?'

그때 어디선가 한 음성이 들려왔다.

"내 아들아! 너는 아직 고향으로 돌아오지 않았다. 네가 고향에 돌아오는 날에는 군악대의 나팔소리와는 비교도 안 되는 하늘의 천군 천사의 나팔소리와 함께 내가 직접 너를 맞이할 것이다. 황금의 유리 길을 깔고 내가 너를 마중 나오마. 사랑하는 내 아들아! 끝까지 충성하라!"

이 음성을 들은 선교사는 그 자리에서 그 동안 하나님의 진리를 깨닫지 못하고 충성하지 못했던 죄를 깊이 회개하고, 다시 아프리카로 돌아가 마지막까지 충성을 다하였다.

 예화와 관련된 말씀

> 너는 장차 받을 고난을 두려워하지 말라 볼지어다 마귀가 장차 너희 가운데에서 몇 사람을 옥에 던져 시험을 받게 하리니 너희가 십 일 동안 환난을 받으리라 네가 죽도록 충성하라 그리하면 내가 생명의 관을 네게 주리라(계 2:10).

02 | 지나친 희생

영국의 캠브리지 대학의 C. T. 스터드라는 학생이 하나 있었다. 그는 학교에서도 수석을 달리는 학생이었고 공부도 잘할 뿐 아니라, 아주 탁월한 크리켓 운동선수였다.

그는 크리켓으로 영국 전체의 시합에서 금메달을 따기도 했다. 그에게는 보장된 출세의 길이 그 앞에 열려져 있었다.

어느 날 그는 갑자기 캠퍼스 집회에 참석했다가 복음을 깨닫고 예수 그리스도를 영접하게 되었다.

그리고 그는 선교사가 되어 아프리카로 가겠노라고 선포했다. 학교 당국자들은 그의 재능이 아깝다고 생각했다.

보장된 출세의 길 그리고 돈과 명예, 그 앞에 모든 것을 포기하고 선교의 길에 나서자 누군가가 와서 그에게 이런 말을 했다.

"여보게, 이것은 자네에게 지나친 희생이 아닌가!"

이때 C. T. 스터드는 모든 시대를 사는 그리스도인들에게 의미 있는 말을 남겼다.

"하나님의 아들 예수 그리스도가 이 땅에 오셔서 나를 위해, 나를 구원하시기 위해서 십자가에 죽으신 것이 참으로 사실이라면, 그것이 참으로 사실이라면 내가 그를 위해서 바치는 희생은 그 어떤 것도 지나친 희생일 수는 없습니다."

이것이 바로 헌신이다. 이것이 헌신의 정신인 것이다. 우리의 헌신은 그 이하일 수 없다.

우리의 헌신은 그 이하로 만족해서도 안 되고 만족할 수도 없다.

 예화와 관련된 말씀

> 네 마음을 다하고 목숨을 다하고 뜻을 다하고 힘을 다하여 주 너의 하나님을 사랑하라 하신 것이요(막 12:30).

03 | 1페니 헌금의 겨자씨

영국의 어떤 교회에서 5살 된 한 소년이 1페니의 헌금을 했다. 그러면서 이것으로 꼭 신약성경을 사서 인도에 보내달라고 지정했다. 1페니는 우습게 지나칠 수 있는 적은 액수의 돈이었다.

그러나 이 5살 된 소년의 뜻을 귀중하게 여겨 그 교회 목사님이 조금 보태어 아주 작은 신약성경 한 권을 사서 소년이 사인을 해, 그 책을 인도로 보냈다. 그리고 그 일을 이 소년도 잊었고 목사님도 잊었다.

20년 후 이 목사님이 인도에 들러 어느 마을을 방문하게 되었을 때, 그 마을의 많은 사람들이 예수님을 믿고 참 진지하게 신앙생활을 하고 있는 모습을 보면서 여러 가지 질문을 했다.

"어떻게 이 마을에 복음이 전파되기 시작했습니까?"

그때 뜻밖에도 한 선교사가 이 마을을 찾아와서 작은 신약성경 한 권을 건넨 것이 그 마을의 복음화의 기초가 되었다는 놀라운 소식을 접했다.

그러면서 그 성경을 가져왔다. 다 떨어지고 남루한 자그마한 신약성경의 마지막 표지에서 20년 전 자기 교회의 5살 된 어떤 소년의 사인이 그대로 남아 있는 것을 발견할 수가 있었다.

하나님 나라의 위대한 역사는, 복음의 위대한 역사는 트럼펫을 울리는 거창한 선전으로 시작하지 않았다.

작은 겨자씨 하나, 그리고 작은 누룩을 통해서 가장 놀라운 일이 시작된다.

 예화와 관련된 말씀

너희 소유를 팔아 구제하여 낡아지지 아니하는 배낭을 만들라 곧 하늘에 둔 바 다함이 없는 보물이니 거기는 도둑도 가까이 하는 일이 없고 좀도 먹는 일이 없느니라(눅 12:33).

04 | 눈물 있는 사랑

평소에 신앙 훈련도 열심히 받고, 교회에서 하는 일에 늘 열심이었던 한 부인이 신앙 상담을 하기 위해 스위팅 박사를 찾아왔다.

"저는 전도 훈련도 열심히 받았고, 성경 암송도 익숙할 정도로 많이 했습니다.

그런데 지금까지 저는 단 한 사람도 주님 앞으로 인도하지 못했습니다.

오늘도 이웃집의 한 자매를 전도하려고 했지만 아무 성과도 얻을 수 없었습니다. 왜 그럴까요? 박사님."

스위팅 박사는 부인의 질문에 이렇게 대답했다.

"그 이유는 아마도 당신의 눈에 사랑의 눈물이 메말라 있기 때문일 것입니다. 시편 126편 6절을 보면 '울며 씨를 뿌리는 자는 기쁨으로 단을 거두리라' 라고 시편기자는 약속하고 있지 않습니까?"

부인은 박사의 대답을 듣고, 즉시 집에 돌아가 주님께 사랑이 부족한 자신의 지난 모습을 되돌아 보면서 진심으로 회개하고, 하나님의 사랑을 구했다.

그리하여 그 날이 다 저물기 전에 그녀는 이웃의 자매를 주님께로 인도할 수가 있었다.

 예화와 관련된 말씀

내가 내게 있는 모든 것으로 구제하고 또 내 몸을 불사르게 내 줄지라도 사랑이 없으면 내게 아무 유익이 없느니라(고전 13:3).

울며 씨를 뿌리러 나가는 자는 반드시 기쁨으로 그 곡식 단을 가지고 돌아오리로다(시 126:6).

05 | 더 높으신 분의 부름

현대 선교의 아버지라 불리는 윌리엄 케리(*William Carey*)는 구두 수선공으로 일하면서 독학을 했다.

독학을 하면서도 그는 여러 나라의 언어를 꾸준히 공부하여 능숙하게 구사할 수 있는 능력까지 키웠다.

그런데 어느 날 케리의 친척동생이 자신이 들어가기로 한 옥스퍼드의 단과대학에 케리를 데리고 갔다.

그들은 단과 대학의 한 유명한 어학 교수를 찾아가 이야기를 나누었다. 대화 중에 그 교수는 케리의 어학 실력에 주목하게 되었다.

그 교수는 케리에게 "당신이 이 학교에 들어오면 이 나라 역사에 큰 영향을 미칠 것이오. 그리고 이 나라의 여왕께서도 당신을 기뻐하실 것입니다."라고 말했다.

그분의 말에 케리는 이렇게 거절하였다.

"교수님께서는 영국이라는 나라의 여왕을 말씀하셨는데, 제게는 이미 저의 전 생애를 건 한 나라가 있습니다. 그 나라는 바로 하나님의 나라입니다. 저는 여왕보다 더 높으신 분의 부름을 받았고, 그분을 향한 저의 충성은 변할 수 없습니다."

결국 케리는 그 교수의 제의를 거절하고 세계 선교를 위해서 인도로 떠났다.

 예화와 관련된 말씀

> 푯대를 향하여 그리스도 예수 안에서 하나님이 위에서 부르신 부름의 상을 위하여 달려가노라(빌 3:14).

06 | 때를 얻든지 못 얻든지 전할 말씀

나는 몸이 무척 피곤할 때마다 '한두 주간만 설교하지 않고 지내면 얼마나 좋을까?' 하는 생각을 하곤 했다.

목사로 부름 받은 후부터 20년 동안을 거의 한 주간도 빠짐없이 설교를 했다.

군대에 가서도 논산훈련소에서 만큼은 설교를 안 할 거라고 생각했지만 훈련소에 입소한지 일주일 되는 날부터 훈련소를 졸업할 때까지 설교를 했다.

훈련소에 입소한지 얼마 되지 않은 어느 날 군종실에서 나를 불렀다.

그래서 가봤더니 환경 조사서에서 신학교에 다닌 것을 보고 불렀다면서 설교할 수 있냐고 물었다. 군종 참모가 갑자기 자리를 비우게 되어 설교할 사람이 없다며 오늘 당장 설교를 하라는 것이다.

그래서 시작한 것이 계속 설교를 하게 된 것이다. 훈련을 끝내고 강원도 춘천으로 부대 배치를 받았을 때에는 부대 앞 교회 목사님이 일주일 전에 사임하시는 바람에 제대할 때까지 그 교회에서 설교를 했다. 또 다행인지 불행인지 일주일 이상을 아파 본 적도 없어서 이따금씩 피곤할 때마다 내 마음에 그런 소원이 생겼다.

그러나 한두 주간만 설교 안하고 푹 쉬었으면 하는 생각을 하다가도 정말 두 주간을 쉬게 되면 그 다음에는 못살 것 같은 기분이 들었다.

어떤 때에는 정말 피곤해서 쓰러질 것 같다가도 막상 강대상에 올라가서 말씀을 전하다 보면 어디서 생기는지 새로운 용기와 능력이 속에서 솟아올랐다.

하나님께서 나에게 말씀을 가르치고 전하라는 은사를 주셨기 때문에 이런 힘이 생기는 것이다.

오히려 설교를 못하게 되는 때에야말로 나의 생(生)의 마지막 날이 될 것이다.- (지구촌교회 이동원 목사)

 예화와 관련된 말씀

너는 말씀을 전파하라 때를 얻든지 못 얻든지 항상 힘쓰라 범사에 오래 참음과 가르침으로 경책하며 경계하며 권하라(딤후 4:2).

07 | 믿음과 순교

　미국인 선교사 제임스 엘리어트(*James Elliot*)의 이야기이다. 엘리어트는 학교를 졸업하고 뜻을 같이 하는 네 명의 친구들과 함께 남미의 에콰도르 인디안 부족이 사는 마을로 선교를 위하여 떠났다. 그러나 그들은 그곳에서 선교를 시작한지 얼마 되지 않아 창을 든 인디언들의 공격을 받게 되었다.

　그때 그들은 두려움이 있기도 하였으나, 주님을 생각하였다. 인디언들이 자신들의 목숨을 원한다면 내어주려 했다. 또한 그것이 하나님의 뜻이기를 바랐다. 현장에서 그들은 모두 순교하고 말았다.

　그런데 선교사들은 정글의 맹수로부터 자신들을 보호하기 위하여 허리에 총을 차고 다녔다.

　그러나 어느 누구도 인디언들로부터 공격을 받았을 때 그 총으로 저항하지 않았다. 그리고 창에 맞아 순교의 피를 흘린 것이다.

　만일, 그들이 정당방위였다고는 하지만 '자기들의 생명을 지키기 위하여 총을 꺼내어서 인디언들을 죽였다면 어떻게 되었을까? 인디언들을 죽였다면 그곳에 선교의 뿌리는 내리지 못했을 것이었다.

그들은 인디언들에게 복음을 전할 것만 생각하였다. 그래서 총이 있었지만 총을 쓰지 않았다. 자신들이 인디언에 의해서 죽임을 당한다 할지라도 선교에 방해가 되지 않기를 원했던 것이다. 그래서 그들은 창에 맞아 죽었다.

다섯 명의 젊은 선교사들이 무저항으로 죽었다는 소식이 미국에 전해졌다.

1950년대 초에 있었던 이 사건은 미국 기독교계에 큰 충격을 주었다. 한 기독교 잡지사 기자가 그 엘리어트 선교사 부인에게 찾아가 위로하였다.

"세상에 이런 비극이 어디 있습니까?"

선교사의 부인은 그 기자에게 이렇게 대답을 하였다.

"말씀을 삼가 하여 주십시오. 비극이라니요. 제 남편은 바로 이 목적을 위해서 그곳에 갔습니다."

 예화와 관련된 말씀

> 의를 위하여 박해를 받은 자는 복이 있나니 천국이 그들의 것임이라(마 5:10).

08 | 백정과 해방의 복음

조선은 양반이 지배하는 사회였다. 양반들은 상놈을 억눌렀고, 상놈은 그 지배 아래서 고난을 받아야 했다.

백정은 상놈의 대명사였다. 백정은 기와집에서 살 수 없고 비단옷이나 갖신도 신을 수 없었다.

그들은 양반이 지나갈 때에는 길을 비켜서야 했으며 항상 허리를 구부리고 뛰어가듯 껑충거리며 다녀야 했다. 만일 허리를 숙이지 않으면 중형에 처해졌다. 바로 이들을 사람 대접받을 수 있도록 해 준 사람이 모삼열 선교사였다.

모삼열 선교사는 자기가 운영하는 학교에 상놈 출신을 받아들여 교육을 시켰는데 그 중에 백정 박씨의 아들이 있었다. 박씨는 불행히도 장티푸스에 걸려서 죽게 되었다.

이것을 알고 모삼열은 임금의 시의였던 애비슨을 데리고 와서 치료해 주었다. 백정으로서 감히 상상도 못할 일이었다. 이 일로 인하여 박씨의 온 가족이 개종을 하였다.

박씨는 1895년에 세례를 받게 되었는데 그가 백정이라는 사실이 밝혀지자 사람들은 백정과 함께 예배를 드릴 수 없다고 하면서 반 이상이 교회에 나오지 않았다. 그러나 모삼열 선교사는 "예수의 사랑 앞에는 사람의 차별이 없다."고 그들을 설득하였다.

이에 대해 양반들은 "그러면 교회에서 양반과 백정의 자리를 구분하여 양반들에게 앞자리를 달라."고 타협안을 제시하였다. 모삼열 선교사는 이런 조건을 받아들일 수 없었다.

아들 박동열은 1907년에 최초로 세브란스 의전을 졸업한 학생 가운데 하나가 되었다.

박씨 자신도 은행업을 시작하여 사업가와 장로가 되었다. 박씨는 백정조합 회장으로 선출되어 백정들에게 해방의 복음을 전했다.

 예화와 관련된 말씀

곧 예수 그리스도를 믿음으로 말미암아 모든 믿는 자에게 미치는 하나님의 의니 차별이 없느니라(롬 3:22).

09 | 사랑의 언어

　유명한 전도자인 D. L. 무디(*D. L. Moody*)가 큰 집회에서 설교를 마치고 나서 사람들과 인사를 나누고 있었다.

　그때 어느 대학에서 문학을 가르치고 있는 교수가 다가와서 이렇게 말했다.

　"목사님, 설교는 너무 좋았습니다만 유감스럽게도 문법적으로 틀린 부분이 50여 군데나 되는군요."

　그 말은 들은 무디는 이런 대답을 했다.

　"이렇게 충고해 주셔서 감사합니다. 그런데 선생님께 물어보고 싶은 것이 한 가지 있습니다.

　"네, 말씀하세요."

　"저는 감격스럽게도 지금까지 문법도 안 맞는 엉망진창인 언어로 수천 명의 영혼을 주님께로 인도할 수 있었습니다. 그런데 선생님께서는 그 정확하신 언어로 몇 사람이나 그리스도 앞으로 인도하셨는지요?"

　"………."

　주님께서는 거창한 웅변보다는 위대한 사랑으로 목마른

이웃들을 찾아가 사랑의 생수를 전달하는 것을 원하신다.

  나의 능력이나 환경등을 탓하지 말고, 그보다 더 중요한 그리스도의 사랑을 품고 한 영혼이라도 주님의 품으로 인도하려는 그런 사람이 필요하다.

 예화와 관련된 말씀

내가 사람의 방언과 천사의 말을 할지라도 사랑이 없으면 소리 나는 구리와 울리는 꽹과리가 되고(고전 13:1).

그들이 날마다 성전에 있든지 집에 있든지 예수는 그리스도라고 가르치기와 전도하기를 그치지 아니하니라(행 5:42).

10 | 심은 대로 거둔다

아주 공과 대학에서 사역을 하고 있었을 때의 일이다. 내가 성경 공부 모임을 주관하여 인도하였는데 그 중에 교수님 내외가 참석하고 있었다. 사모님은 신앙이 매우 좋은데 비해 교수님은 그렇지 않아서 그분을 위해 따로 많은 시간을 내어야만 했다.

사실 나는 와서 성경공부를 인도해 달라고 하는 요청에도 못 가는 형편이었는데도 그 사모님의 열성 때문에 교수님 집으로 직접 찾아가서 사정사정 해가며 끈질기게 성경 공부를 인도했다. 그렇지만 교수님의 태도는 여전히 냉담해서 내가 실망한 적이 한 두 번이 아니었다.

그러다가 연락이 끊기게 되었는데, 3년 전 어느 날 갑자기 그 교수님이 나에게 전화를 하신 것이다. 전화내용은 자기 집에 꼭 한 번 들러달라는 것이었다. 그래서 시간을 내어 찾아갔더니 그 완고하던 교수님이 완전히 변해 있었다. 나는 너무 놀랍고 반가워서 어떻게 예수님을 믿게 되었는지 그 동기를 물었다.

그 교수님이 대답하기를 "어떤 특별한 동기는 없었어요. 그런데 예전에 목사님과 성경 공부할 때 별 관심 없이 보고 들은 것이 나중에서야 깨달아지더군요. 그 후에 예수님을 믿을 결심을 하게 되었고, 그때부터 전도도 열심히 하고 있답니다."

나는 예전에 그 교수님을 보면서 그 분은 절대로 예수님을 믿지 않을 것이라고 생각하여 깨끗이 단념했었다. 그런데 그런 교수님이 예수님을 영접하고 신앙생활도 아주 뜨겁게 하는 사람이 되었던 것이다.

지금 그분은 교수 선교사가 되어 C국에서 사역하고 계신다. 그때 그 교수님 댁을 나와 집에 오면서 이런 말씀이 생각났다.

"우리가 선을 행하되 낙심하지 말지니 피곤하지 아니하면 때가 이르매 거두리라." - (지구촌교회 이동원 목사)

 예화와 관련된 말씀

우리가 선을 행하되 낙심하지 말지니 포기하지 아니하면 때가 이르매 거두리라(갈 6:9).

11 | 아프리카로 간 슈바이처

알버트 슈바이처는 젊은 나이에 철학, 신학, 의학 세 분야에서 박사학위를 받은 뛰어난 사람이었다. 그는 음악에 조예가 뛰어나서 바흐의 전문가로 알려져 있다.

슈바이처는 30세에 이미 스트라스부르대학의 신학부장으로 초청되어 고액의 연봉과 멋진 주택을 받고 오르간 연주자로서도 명성을 떨쳤다. 그러나 그에게는 대학시절에 하나님께 받은 소명이 있었다.

"문명지대를 떠나서 가난하고 외롭고 버림받고 고통당하는 아프리카에 가서 일생을 헌신하라."는 하나님 명령에 순종하기 위해서 그는 무려 8년 간 의학공부를 했다.

그리고 보장된 미래를 버리고 아프리카로 건너가 복음전도와 진료에 일생을 바쳤다.

세상 사람들은 총명하고 지혜 있는 사람이 어리석은 결정을 했다고 비웃었다.

하지만 그는 하나님의 부르심을 받았기에 세상을 버렸다. 많은 사람을 주께로 인도하고 치료해 주었다. 그 결과 노벨 평화상까지 수상하게 된 것이다.

  하나님의 꿈을 이루기 위해서는 자신의 삶을 버려야 한다. 자신의 삶을 버린 사람을 통해 하나님께서는 꿈과 뜻을 이루신다.

 예화와 관련된 말씀

그러므로 너희는 가서 모든 민족을 제자로 삼아 아버지와 아들과 성령의 이름으로 세례를 베풀고(마 28:19).

12 | 어떤 할머니의 특별한 전도법

아프리카에서 선교를 하시던 선교사님께서 어떤 원주민 할머니의 독특한 전도법에 감탄하여 말씀하신 내용이다. 이 할머니는 문맹에다가 시각 장애를 가지고 계신 그런 분이 전도를 기가 막히게 잘하는데 그 할머니의 독특한 전도법은 이러했다.

할머니가 예수님을 영접한 지 얼마 되지 않은 어느 날, 선교사님을 찾아와서 대뜸 이렇게 묻는 것이었다.

"선교사님, 요한복음 3장 16절이 성경 어디에 있습니까?"

선교사님은 영문도 모른 채 할머니의 요구대로 성경을 찾아 빨간 줄을 그어주었다. 선교사님은 글을 읽을 수도 볼 수도 없는 할머니인데 왜 그런 부탁을 할까 의아하기만 했다.

그날 이후부터 할머니는 전도를 하기 시작했다. 할머니는 날마다 학생들이 수업을 마칠 시간쯤에 동네 학교 정문 앞으로 나갔다. 그리고 수업을 마치고 나오는 학생들에게 "학생, 나 좀 도와줄 수 있겠어?"라며 말을 건넸다. 앞을 보지 못하는 할머니가 도와달라고 하니 학생들은 거절 못하고

"뭘 도와 드릴까요?"라며 다가왔다.

"사실은 이 할미가 좋아하는 책이 있는데 눈이 잘 안보여서 볼 수가 있어야지. 그래서 말인데 여기 빨간 줄 쳐 놓은 부분만 좀 읽어주겠어?"

그러면 학생은 요한복음 3장 16절을 할머니가 잘 들을 수 있도록 또박또박 읽어 주었다. "정말 고마우이. 그런데 학생은 방금 읽은 말이 무슨 뜻인지 알겠어?"

"잘 모르겠어요."

"내가 가르쳐줄게. 이 말씀은 바로 하나님께서 우리를 사랑하셨다는 거야. 나와 학생을 사랑하셔서 그분의 하나밖에 없는 외아들인 예수님을 주셨다는 거야. 그런데 우리가 그 예수님을 믿으면 죄를 다 용서함 받고 자녀가 되며 영생을 얻게 된단다."

할머니의 독특한 전도법은 이러했던 것이다.

 예화와 관련된 말씀

> 너는 말씀을 전파하라 때를 얻든지 못 얻든지 항상 힘쓰라 범사에 오래 참음과 가르침으로 경책하며 경계하며 권하라(딤후 4:2).

13 | 여성 해방자 예수

 가부장적인 남성 중심의 제도에 얽매여 마치 노예처럼 살아가고 있던 한국 여인들에게 복음은 글자 그대로 복된 소식이었다. 어떤 선교사는 기독교가 한국 여성들을 변화시킨 내용을 다음과 같이 설명하고 있다.

 "기독교는 한국 남성들에게 기적을 일으키고 있다. 도박과 음주 같은 잘못된 죄악들은 중단되었다. 싸움과 아내 구타는 더 이상 일어나지 않았다. 더욱이 선교사의 가르침을 받은 남편은 아내가 바느질을 잘할 수 있도록 불을 밝혀주고 창호지로 된 문에 유리창을 달아줘 편하게 밖을 내다볼 수 있도록 해주며 대문 가까이 우물을 파 물을 쉽게 길을 수 있도록 해준다. 신앙을 가진 남편은 아내의 무거운 짐을 덜어주며 아내를 진실한 사랑으로 대우하기 시작한다. 한국 여성들은 이런 일들을 결코 꿈꾸지 못했다. 여성들을 위한 학교들이 세워지고 있다. 흥미진진한 새로운 세계가 이들 젊은 여인들에게 열리고 있다. 이들은 지금 노래를 배우고 있으며 또한 부를 노래를 갖고 있다. 그들은 찬송을 배우는데 놀랄 만한 열성을 보이고 있다. 곡조를 맞추고 노래를 배우면서 큰 기쁨을 얻고 있다. 글자를 모르는 나이 많은 여인들은 가사를 암송하여 찬송을 부른다. 희미했던 눈에서는 빛이 나고 입술에서는 노래가 흘러나온다. 하나님께서 어떻게 한국 여성들을 위해서 역사하셨는가를 스스로 드러나게 해준다."

교회에 다니는 여성들에게 안식일은 글자 그대로 모든 속박과 노동에서 벗어나는 안식의 날이었고 인간 대접을 받는 유일한 날이었다. 동양선교회 선교사인 카우만 부인은 예수님이 한국 여인들에게 주는 의미를 다음과 같이 말했다. "예수님은 한국 여인의 문제에 대한 총체적인 해결자이다. 예수님은 오두막집에 불을 비춰주시고 무거운 짐을 덜어주시며 눌린 자들에게 자유를 줄 것이다. 혹 그들의 외적인 모습은 전과 같을지라도 그들의 내면에는 감미로운 평화, 더 나아가서 예수님의 가벼운 하늘 멍에가 주어질 것이다."

예화와 관련된 말씀

> 내가 복음을 부끄러워하지 아니하노니 이 복음은 모든 믿는 자에게 구원을 주시는 하나님의 능력이 됨이라 먼저는 유대인에게요 그리고 헬라인에게로다(롬 1:16).

14 | 예수를 만나는 길

아씨시의 성 프랜시스가 제자들과 함께 전도를 나갔다. 제자들은 그의 스승의 전도하는 것을 옆에서 지켜보면서 무언가를 배울 수 있다는 기대감을 가지고 있었다.

그래서 스승 옆에 서서 그가 전도하기를 기다렸다.

그러나 그의 제자들은 성 프랜시스가 큰 소리로 외치며 전도를 할 줄 알았는데, 큰 소리는커녕 사람들에게 한 마디도 안하는 것이었다.

오히려 힘겹게 짐을 지고 가는 사람에게는 짐을 대신 져주고, 밭에서 땀 흘리며 일하는 사람에게는 김을 함께 매주면서 하루 종일 그냥 그렇게 다니면서, 예수 믿으라는 말은 단 한 마디도 하지 않은 거였다.

제자들이 그런 스승의 모습을 의아해하며 물었다.

"스승님, 왜 전도는 하지 않으시고 힘들게 사람들만 돕고 계시는 겁니까?"

이에 성 프랜시스는 미소를 머금고 제자들에게 이렇게 대답했다.

"우리가 예수님을 모시고 살면 우리의 인격의 향기를 통해서 그들이 예수님을 만나게 된다. 그러니 어려운 사람을 도와주는 바로 그 순간에 그들은 예수님을 만나게 되고 곧 전도가 되는 것이다."

 예화와 관련된 말씀

이같이 너희 빛이 사람 앞에 비치게 하여 그들로 너희 착한 행실을 보고 하늘에 계신 너희 아버지께 영광을 돌리게 하라(마 5:16).

15 | 유대교와 기독교의 근본적인 차이

 이스라엘에 갔을 때의 일이다. 그곳에서 나는 한 유대인을 만나 대화를 나누게 되었다. 나는 그에게 "왜 당신들은 예수님을 믿지 않습니까?"라는 질문을 했다.

 그랬더니 그 유대인은 "어떻게 하나님께서 예수라는 인간이 될 수 있습니까? 그것은 불가능합니다. 그렇기 때문에 우리는 예수를 믿지 않습니다"라며 강한 어투로 대답했다.

 그 순간 나는 그의 대답을 통해 기독교는 절대적으로 하나님께서 낮고 낮은 이 세상에 어리석고 보잘 것 없는 우리들을 구원하시려고 친히 인간의 몸으로 오셨음을 믿기 때문에 근본적으로 유대교와는 틀리다라는 사실을 더욱 실감했다. 그 유대인은 결코 하나님께서 인간의 몸으로 오실 수 없다고 믿고 있었다.

 그래서 나는 그에게 또 다른 질문을 하나 던졌다.
 "그런데 전 세계에는 당신들이 믿지 않는 예수님을 믿고 의지하며 그분의 뜻대로 살고자 헌신하는 사람들이 많이 있습니다. 그리고 점점 그 수가 늘어나고 있는 반면에 유대교는 그렇지 못한 것 같습니다. 그것에 대해 어떻게 생각하십니까?"

"당연하잖아요? 기독교는 열심히 전도하니까 그렇게 믿는 수가 증가할 수 밖에요. 그러나 우리는 전도를 하지 않습니다. 우리 민족만 믿으면 되지 다른 민족까지 믿을 필요가 뭐 있습니까?"

그때 전 다시 한 번 유대교는 기독교와 전혀 다른 그들만의 하나님을 믿고 있음을 알았다.

그리고 왜 그들이 복음으로 인해 전 세계의 모든 그리스도인들이 한 지체이며 가족인 사실을 외면하면서 배타적이 되는지를 깨닫게 되었다.

예화와 관련된 말씀

이는 이방인들이 복음으로 말미암아 그리스도 예수 안에서 함께 상속자가 되고 함께 지체가 되고 함께 약속에 참여하는 자가 됨이라(엡 3:6).

16 슈바이처

 어떤 철학 교수가 다음 날 있을 강의를 준비하기 위해 책상으로 가서 앉았다. 그는 지저분한 책상에서는 연구를 할 수 없는 성격이라서 책상 위에 흩어져 있는 서류뭉치들을 치우기 시작했다. 그것들은 우편함에 들어있던 팜플렛, 잡지, 광고전단 등과 기타 우편물들로써, '우편물을 어떻게 처리해야 할 지 모를 때는 아버지의 책상 위에 모두 갖다 놓을 것'이라고 정한 규칙에 따라 딸아이가 그의 책상 위에다 가져다 놓은 것이었다.

 그 날도 역시 교수는 책상 위에 있는 서류뭉치들을 치우다가 파리선교사협회에서 발행한 잡지를 집어 들었다. 그가 그 잡지를 쓰레기통에 넣으려는 순간 저절로 펼쳐졌는데 '콩고 선교의 필요성'이라는 논설 제목이 눈에 들어왔다. 그 교수는 그 논설을 단숨에 읽어내려 갔으며 그 날 밤 일기에 다음과 같이 기록하였다.

 "이제 나의 연구는 끝났다!"

 이 철학 교수가 바로 알베르트 슈바이처였다. 어떤 선교사의 보고서를 우연찮게 읽게 된 그 '기회'는 유럽에서 가장 뛰어난 천부적인 학자인 슈바이처로 하여금 그가 교수로 재직하고 있던 대학에서 의학공부를 하게 만들었다.

의학공부를 마친 후 그는 남은 여생을 아프리카의 적도지방에서 보냈다.

그는 철학, 신학, 의학 그리고 음악 분야에서 박사학위를 갖고 있었지만 그에게 무엇보다도 중요한 것은 적도 아프리카에서 선교사로 일하게 되었다는 사실이다.

하나님의 뜻은 인간의 눈에 우연처럼 보일 때도 있지만 분명한 것은 하나님은 살아계셔서 우리를 인도하신다는 것이다.

예화와 관련된 말씀

내 말과 내 전도함이 설득력 있는 지혜의 말로 하지 아니하고 다만 성령의 나타나심과 능력으로 하여(전 2:4).

또한 우리를 위하여 기도하되 하나님이 전도할 문을 우리에게 열어 주사 그리스도의 비밀을 말하게 하시기를 구하라 내가 이 일 때문에 매임을 당하였노라(골 4:3).

17 | 조선 여자에게 피부를 떼어준 외국인

조선 사회에서 여자는 여섯 살만 되면 밖에 나가지 못하게 하였고, 결혼 후에는 집 안에만 있게 되었다. 이런 관습 때문에 여성의 질병은 여성이 치료하게 되었고 선교사들은 여성들을 위한 여의사와 여성 전용병원이 필요하다고 느꼈다. 감리교 선교사인 스크랜턴은 감리교 여성해외선교부에 여성병원을 만들어 달라고 요청하였다.

이렇게 해서 1887년 10월 여의사 하워드가 한국에 도착했고, 이화학당에 한국 최초의 보구녀관(保求女館)이라는 여성 전용병원이 생겼다. 하워드는 한국에 와서 2년 간 복음을 전하면서 최선을 다해 불쌍한 한국인들을 치료했다. 결국 그는 건강이 너무 악화되어서 귀국할 수밖에 없었다.

그의 뒤를 이어서 한국에 온 여자 선교사가 바로 셔우드였다. 셔우드는 이 병원에서 최선을 다해서 한국 환자들을 치료했다. 어느 날 열여섯 살의 소녀가 병원을 찾아왔다. 그녀는 화상으로 손가락 3개가 손바닥에 붙어 있었다. 이로 인해 소녀는 시집을 갈 수 없었다. 셔우드는 수술을 해 소녀의 손가락을 손바닥에서 떼어냈다. 하지만 손에는 심한 흉터가 남게 되었다. 셔우드는 피부 이식수술을 하기로 결정하였다. 그리고 먼저 자신의 피부를 떼어 본을 보인 다음에 소녀의 피부를 떼 내어 수술을 하려고 하였다. 하지만 소녀는 그것을 이해하지 못하였다.

결국 다음날 셔우드와 다른 여선교사들이 이 소녀를 위하여 피부를 제공했다. 이것을 본 다른 한국인들도 피부를 제공했다. 마지막에는 이 소녀도 자신의 피부를 떼 내는 것을 허락하였다. 모두 30여개의 피부 이식수술을 했다. 결국 수술은 성공했다.

셔우드는 한국인들 사이에서 '조선 여자에게 자신의 피부까지 떼어준 여자'로 알려졌고, 그것이 한국인들의 마음을 움직였다. 그 후 셔우드는 같은 의료선교사인 홀과 결혼하여 평생 한국에 그리스도의 사랑과 인술을 전하는 일에 헌신했다.

예화와 관련된 말씀

주의 권능의 날에 주의 백성이 거룩한 옷을 입고 즐거이 헌신하니 새벽 이슬 같은 주의 청년들이 주께 나오는도다(시 110:3).

18 | 조선의 바울 : 김창식

1890년대 초, 선교사들은 평양에 한국인 이름으로 건물을 사고 그들을 먼저 보내 살도록 했다. 감리교는 대단한 열정의 소유자인 조사 김창식을 먼저 평양에 보냈다. 그리고 얼마 후인 1894년 5월 4일 의료선교사인 홀 박사 부부를 가게 했다. 드디어 문제가 생겼다. 새벽 1시쯤 관리들이 들이닥쳐 김창식을 체포한 뒤 구금하고 심한 매질을 했다. 그리고 그에게 칼을 씌웠다. 아침이 되면 김창식은 심한 곤장을 맞게 될 것이다. 다음 날 관리가 와서 뇌물 10만 냥을 요구했으나 홀 부인은 이것을 거절했다. 홀 박사 집에는 밤마다 돌팔매가 날아 들어와서 잠을 이루기 힘들었다. 미국과 영국의 영사관은 조선의 외무부에 항의하고 조약을 내세워 외국인과 그들 조수들의 안전을 보호해 줄 것을 요청했다.

장로교선교사 모펫은 홀에게 전보를 보냈다. "여호수아 1장 9절 말씀을 고통 당하고 있는 친구들에게 전해 주시오."

상황은 더욱 악화 되어 갔다. 김창식은 절도범 감방에서 사형수 감방으로 옮겨졌다. 다른 사람들도 곤장을 맞았다.

사람들은 김창식과 장로교 조사인 한석진이 예수를 전한 죄로 사형에 처해질 것이라고 수군 되었다.

외무부는 '즉시 석방하고 그 결과를 보고하라'는 전문을 평양감사에게 보냈다. 김창식은 감옥에서 가장 큰 고통을 받았다. 석방해 주면 또 예수를 전하겠는가라는 질문에 "석방돼도 계속 예수를 전하겠다."고 대답했기 때문이다.

김창식은 거의 죽도록 맞고 석방되었다. 관리는 사람들을 동원해 김창식에게 돌질을 하도록 사주하였다. 김창식은 죽은 목숨이 되어서 돌아왔다. 김창식은 사람들을 모아놓고 사도행전 16장을 읽으면서 예배를 인도했다. 선교사들은 이런 조선인의 신앙에 감복하였다.

그들은 김창식의 발아래 꿇어 엎드리고 싶은 심정이었다. 홀 박사는 조선에서 예수를 위해서 고난 받는 신앙인을 볼 수 있었다는 사실에 감사했다. 홀 부인은 김창식을 '조선의 바울'이라고 불렀다.

예화와 관련된 말씀

내가 환난 중에 다닐지라도 주께서 나를 살아나게 하시고 주의 손을 펴사 내 원수들의 분노를 막으시며 주의 오른손이 나를 구원하시리이다(시 138:7).

19 | 천당 지점?

일제시대에 목숨을 걸고 예수님을 전한 최권능 목사님이 계셨다.

그분이 전하는 메시지는 오로지 "예수 천당!"이었다.

매일 같이 어디를 가든지 다른 방법이 아닌 "예수 천당"을 외치며 전도를 하시는 분이다.

하루는 일본 경찰이 길을 지나가는데, 목사님이 큰 소리로 "예수 천당"이라고 외쳤다가 경찰서로 잡혀가게 되었다.

"당신은 도대체 뭐 하는 사람이기에 이상한 소리를 외치고 다니는 거요?"라고 일본 경찰이 묻자, 목사님은 아무 대답도 하지 않고 다시 "예수 천당"이라고 외쳤다.

그러자 일본 경찰이 약간의 호기심이 담긴 어투로 목사님께 이렇게 물었다.

"당신은 예수 천당이라고만 외치는데, 진짜 천당이라는 것이 있기는 하오? 만일 있다면 예수를 보여주던지 천당을 보여 주던지 하시오?"

그때 목사님은 자신에 찬 목소리로 말했다.

"지금 당장 천당 본점은 보여 줄 수 없어도 천당 지점은 언제든지 보여줄 수 있소."

"천당 지점이오?"

"바로 내 마음이 천당 지점이라오."

 예화와 관련된 말씀

또 여기 있다 저기 있다고도 못하리니 하나님의 나라는 너희 안에 있느니라(눅 17:21).

20 | 평화의 제물

 돈 리처드슨(Don Richardson) 선교사로부터 들은 간증이다. 인도네시아에 속한 큰 섬인 이리안자야에는 식인종이라고 알려진 사위 족속 부락이 있었다.

 이들은 워낙 싸움을 즐기고 공격적인 성향이 강한 족속이라 복음을 전하는데 어려움이 있었다.

 더욱이 이들은 배반을 미덕으로 여겼기 때문에 오히려 예수님보다 가룟 유다를 더 받아들이고 영웅으로 떠받드는 웃지 못 할 일까지 벌어졌다. 선교사는 이런 사람들에게 어떻게 복음을 전할 수 있을까 고민하기 시작했다.

 그러던 어느 날 이들의 전통의식을 바라보다가 아주 멋진 영감을 하나 얻었다.

 이들에게는 두 부족이 싸우다가 한 부족이 지면 진 부족의 추장이 자기 아들을 상대 부족에게 제물로 갖다 바치는 전통이 있었다. 그 전통을 치름으로써 전쟁은 끝나고 평화가 이루어졌던 것이다.

 선교사는 그 모습을 보고 요한복음 3장 16절 말씀을 생각해 냈고 그 의식이 행해질 때 이 말씀을 전하기 시작했다.

"하나님이 세상을 이처럼 사랑하여 평화의 아이를 주셨으니 이는 아이가 제물로 바쳐짐으로써 평화가 이루어지는 것처럼 그 평화의 아들을 믿는 자마다 멸망치 않고 영생을 얻게 하기 위함입니다."

그때부터 이 사위 족속은 복음을 깨닫게 되었고 점차 싸움을 즐기며 공격적이던 그들의 모습이 변하기 시작했다고 한다.

 예화와 관련된 말씀

> 곧 우리가 원수 되었을 때에 그의 아들의 죽으심으로 말미암아 하나님과 화목하게 되었은즉 화목하게 된 자로서는 더욱 그의 살아나심으로 말미암아 구원을 받을 것이니라(롬 5:10).

21 | 풍랑 가운데 찬송하는 사람들

존 웨슬레는 원래 미국 선교사로 떠났으나 미국에서의 선교에 실패하고 영국으로 돌아오게 되었다. 그가 탄 배가 체스 강 한 가운데서 풍랑을 만나 거의 침몰할 위기에 처하자 웨슬레는 죽을 것 같은 공포에 휩싸였다.

그는 선교하러 갔다가 돌아오는 길이지만 아직 개인적으로는 중생의 체험을 하지 못한 상태였다.

그는 극도로 공포에 처했는데, 함께 배를 타고 있던 모라비안 선교사와 그의 가족들은 그 거센 풍랑 가운데 찬송을 부르고 기도하며 박수를 치고 기뻐하는 것이었다. 웨슬레는 그들의 모습에 큰 충격을 받았다.

이후, 그는 런던의 올더스게이트라는 곳에서 조그마한 기도 모임이 있어 참석했다. 그 곳에서 그는 루터의 로마서 강해 서론을 들었다. '믿음으로 말미암아 죄를 용서받고 의롭게 함을 받는다'는 말씀을 듣는데, 그의 마음이 갑자기 뜨거워지면서 성령의 불이 임했다.

웨슬레는 그 마음에 성령의 불이 임하자 기쁨과 소망이 넘

치고 두려움이 사라졌다. 그는 즉시 풍랑 가운데서 손뼉 치며 기뻐하던 모라비안 교도들을 생각하며 당시 그들의 행위를 이해할 수 있었다.

요한 웨슬레는 그날 이후 온 영국에 다니면서 목숨을 바치고 위대한 믿음을 가지고 전도해서 영국을 변화시켰다.

그는 말년에 "내가 평생에 복음을 전한 것은 항상 내 마음속에 성령의 불길이 있어서 쉬지 않고 전도할 수 있었다."라고 말했다.

예화와 관련된 말씀

오직 성령이 너희에게 임하시면 너희가 권능을 받고 예루살렘과 온 유대와 사마리아와 땅 끝까지 이르러 내 증인이 되리라 하시니라(행 1:8).

22 | 히틀러가 폭군이 된 책임

히틀러 정권에 항거하다가 8년 동안 옥고를 치른 마르틴 미네르라는 목사가 있다. 그가 옥고를 치른 후 위대한 「전쟁백서」를 발표했는데, 그의 책 가운데 이런 간증이 나온다.

전쟁이 끝날 무렵 어느 날, 미네르 목사가 일곱 번이나 똑같은 꿈을 꾸었다고 한다.

많은 사람들이 한 줄로 서서 하나님의 심판을 받는데, 심판대 앞에 선 사람들은 한 사람도 뒤를 돌아보지 못하고 자신만 바라보고 자신의 죄를 하나님께 고백을 한다. 그리고 용서를 구하는 것이다.

이 목사도 그 대열에 서 있는데 어떤 한 사람이 이상하게 죄를 고백하지도 않고 회개도 하지 않고 뒤를 돌아보면서 자꾸 변명을 하더라는 것이다.

그래서 그가 누구인가 자세히 바라보니 그가 다른 사람이 아니라 바로 히틀러였다는 것이다.

그때 하나님께서 미네르 목사에게 하신 말씀이, "히틀러가 이렇게 된 것이 바로 네 책임이다."는 것이었다. 이 말을

들은 미네르 목사는 소스라치게 놀랐다.

"네가 8년 동안 히틀러 정권에 대해 항거만 했지 한 번이나 그에게 전도했느냐? 네가 히틀러에게 전도했더라면 그가 무서운 폭군이 되어 전쟁을 일으키지 않았을 것이 아니냐? 전쟁을 일으킨 죄 값이 바로 네가 전도하지 않은 데 있다."고 지적하시더라는 것이다.

그래서 이 목사는 가슴을 치고 통곡하면서 "이 전쟁을 책임이 바로 나에게 있다."고 고백하며 회개의 눈물로 쓴 책이 바로 「전쟁백서」이다.

 예화와 관련된 말씀

너는 말씀을 전파하라 때를 얻든지 못 얻든지 항상 힘쓰라 범사에 오래 참음과 가르침으로 경책하며 경계하며 권하라(딤후 4:2).

23 | 너는 왜 못 가느냐?

언더우드(*Horace Grant Underwood*)는 원래 인도에 선교사로 갈 것을 작정하였다. 그런데 그에게 한국에 대한 이야기가 들려왔다. 그는 만나는 사람들에게 한국에 선교사로 갈 것을 권고하였다. 하지만 1년이 지나도록 한국 선교사로 가겠다는 지원자가 나타나지 않았다.

이런 그의 마음속에 '왜 너는 못 가느냐?'는 물음이 들려왔다. 그것은 성령님의 음성이었고, 그는 인도 대신 한국으로 가기로 작정하였다. 그래서 자신이 속한 네덜란드 개혁교회 선교부에 한국 선교사로 지원했다. 하지만 선교부의 대답은 자금이 없다고 거절하였다.

얼마 후에 다시금 간청하였으나, 대답은 마찬가지였다. 그는 계획을 바꾸어 장로교 선교부에 선교사로 가게 해달라고 두 차례 지원을 하였다.

그러나 대답은 '쓸데없는 일을 계획한다.'는 핀잔 뿐이었다. 그러던 중에 뉴욕의 한 장로교회로부터 청빙을 받았다. 오랜 생각 끝에 그는 청빙을 수락하기로 작정하고, 청빙 수

락서를 우체통에 넣으려고 하는 순간이었다.

"한국에 갈 사람은 없느냐? 한국은 어떻게 할 것이냐?"

성령님의 음성이 생생하게 들려 왔다. 그는 청빙서를 주머니에 넣고, 장로교 본부 선교사무실을 찾았다. 전에 부정적으로 말하던 총무는 보이지 않고, 새로운 사람을 만났는데, 그는 자신도 한국 선교에 대해서 관심을 가지고 있다고 하였다.

시간이 흐른 후에, 언더우드는 회신을 받았는데 다음 회의 때 언더우드가 한국 선교사로 임명될 것이라는 것이었다. 드디어 1884년 7월 28일에 장로교 선교본부는 언더우드를 한국 최초의 선교 목사로 임명하였다.

우리는 종종 다른 사람에게 헌신의 삶을 살라고 요구한다. 하지만 하나님께서는 "왜 너는 못하느냐?"고 말씀하신다.

 예화와 관련된 말씀

오직 성령이 너희에게 임하시면 너희가 권능을 받고 예루살렘과 온 유대와 사마리아와 땅 끝까지 이르러 내 증인이 되리라 하시니라(행 1:8).

24 | 윌리엄 캐리의 불굴의 믿음

제화공이었던 윌리엄 캐리(*William Carey*)에게 하나님의 특별하심이 나타났다. 성령님께서 인도에 대한 환상을 품게 하셨다.

그는 인도 선교의 꿈을 가지고 헬라어, 히브리어, 라틴어 등을 공부한 후에 영국 침례교로부터 파송을 받아 인도로 갔다. 그리고 인도어를 공부하여 영어-인도어 사전을 편찬하기까지 하였다.

인도의 복음화를 위해서는 인도의 말로 쓰여진 성경이 절실히 필요하였다. 그래서 인도어로 성경을 번역한 후에, 출판하기 위해 영국에서 인쇄기를 도입하고 기술자들을 불러 조판을 완성했다.

그러나 캐리가 지방 순회전도를 나간 사이에 그의 선교본부에 불이 났다. 불은 인쇄기와 인도어 성경의 출판을 위해서 쓴 원고를 모두 태워버리고 말았다.

캐리는 낙망하지 않았다. 그는 원고가 불에 태워진 것에 대하여 하나님의 뜻이 들어 있음을 생각하였다.

그러자 기도하려는 마음이 생겨, 잿더미 위에서 무릎을 꿇고 감사기도를 드렸다.

그는 다시 시작할 수 있는 믿음과 인내와 용기를 구했다. 드디어 1801년 벵골어 성경을 시작으로 24종의 인도 방언으로 된 성경이 번역 출판되었다.

실패와 성공은 그 문제를 바라보는 태도에 달려 있다. 믿는 자의 위대함은 결코 실패하지 않는데 있는 것이 아니라 실패할 때마다 다시 일어서는데 있다. 하나님이 함께 하심을 믿는 사람들을 우리는 크리스천이라고 부른다.

 예화와 관련된 말씀

두려워 하지 말라 내가 너와 함께 함이라 놀라지 말라 나는 네 하나님이 됨이라 내가 너를 굳세게 하리라 참으로 너를 도와주리라 참으로 나의 의로운 오른손으로 너를 붙들리라(사 41:10).

25 | 할렐루야를 외치고 싶어서

 이 땅에 복음을 전한 초기 외국 선교사들은 체험적인 신앙을 강조하는 복음주의자들이었다. 우리는 이것을 언더우드와 아펜젤러의 경우에서 잘 찾아 볼 수 있다. 언더우드는 칼뱅 정통주의 계통인 네덜란드 개혁교회의 배경을 가지고 있다. 네덜란드 개혁교회는 앵글로색슨의 경험적인 신앙과는 달리 교리적이고 예전적인 신앙전통을 지니고 있다.

 그러나 언더우드는 신학교에 다니면서 이런 답답한 정통주의의 틀을 뛰어넘어 체험적인 신앙을 강조하는 구세군에 가담했다. 언더우드는 구세군과 함께 거리에 나가서 북을 치고 나팔을 불며 전도 집회를 인도하였다. 그럼으로써 그는 교수들과 가족들로부터 '요란한 감리교도'라는 비판을 받았다.

 이런 경험적인 신앙의 강조는 아펜젤러의 경우에 더욱 잘 드러난다. 아펜젤러 역시 개혁교회에서 견신례를 받고 장로교회에서 신앙생활을 했다.

 그러나 아펜젤러는 냉랭한 정통주의 신앙에 만족할 수 없었다. 그는 보다 생동력 있는 신앙을 추구하였다. 그리하여 그는 감리교회의 기도회에 참여하게 되었고 거기에서 만족을 얻었다. 그 뒤 그는 감리교로 옮겼다.

1879년 10월 1일 아펜젤러의 일기는 이렇게 기록돼 있다.

"1876년 이래 나는 주로 감리교도들과 함께 지내면서 개혁교회보다 훨씬 편안하다는 느낌을 받았다."

게일은 '선구자'라는 소설에서 아펜젤러에게 왜 감리교로 바꾸었냐고 물었다. 그는 "나는 너무 기쁘고 행복해서 할렐루야를 외치고 싶었습니다.

하지만 아시다시피 장로교회에서는 그렇게 외칠 수가 없습니다. 그래서 나는 마음껏 외칠 수 있는 감리교로 옮겼지요."라고 대답했다.

언더우드와 아펜젤러는 모두 정통주의적 전통에서 자랐지만 그들은 보다 체험적인 신앙을 추구하였다.

 예화와 관련된 말씀

> 그가 빛 가운데 계신 것 같이 우리도 빛 가운데 행하면 우리가 서로 사귐이 있고 그 아들 예수의 피가 우리를 모든 죄에서 깨끗하게 하실 것이요(요일 1:7).

02
내 증인이 되리라

오직 성령이 너희에게 임하시면 너희가 권능을 받고 예루살렘과 온 유대와 사마리아와 땅 끝까지 이르러 내 증인이 되리라 하시니라(행 1:8).

01 | 불한당들에게 복음을 전한 여학생

마두마세라는 여학생이 등교해 보니 학교가 떠들썩했다. 닥치는 대로 파괴하는 흑인 단체회원들이 학교에 들어왔는데 마두마세가 강의실로 들어가려 할 때 그 단체의 한 사람이 학생의 팔을 잡고 왜 너 나를 보고 싱글벙글 웃으면서 들어오느냐 하고 시비를 걸었다.

그러나 그녀는 웃은 기억이 없었다. 그녀는 늘 성령이 충만한 생활을 하기 때문에 얼굴에 미소를 잃지 않았다. 이런 위기를 당해 기도했더니 마음 속에 그 사람에게 전도하라는 소리가 들려왔다. 그래서 그녀는 그 사람에게 말했다.

"내가 당신을 보고 웃지는 않았지만 내 마음속에는 다른 사람이 갖지 못한 기쁨이 있기 때문에 사람들이 저보고 항상 웃는 모습이라고 해요."

그 흑인이 무엇 때문에 다른 사람이 갖지 못한 기쁨을 가지고 있느냐고 물었다. 그녀는 예수님을 구주로 믿기 때문이라고 했다.

"흑인이 그러면 나도 예수님을 구주로 믿으면 기쁨을 얻을 수 있느냐?"

"당신도 이제 죄를 자백하고 예수님을 구주로 모시면 구원을 얻고 나와 같은 기쁨을 얻을 수 있습니다."

그 말을 듣고 흑인은 그 자리에서 예수님을 영접했다.

마음에 변화가 일어난 흑인은 그 즉시 동료 흑인들을 모아 학교에서 물러가게 하고 하루 만에 그 단체의 간부 세 사람을 예수님께로 인도하여 예수 안에서 참 기쁨과 평안을 얻게 하였다.

 예화와 관련된 말씀

예수를 죽은 자 가운데서 살리신 이의 영이 너희 안에 거하시면 그리스도 예수를 죽은 자 가운데서 살리신 이가 너희 안에 거하시는 그의 영으로 말미암아 너희 죽을 몸도 살리시리라 (롬 8:11).

02 | 윌리엄 캐리

현대선교의 문을 연 윌리엄 캐리는 세계가 선교에 대해 아직 눈 뜨지 않았을 때, 인도 선교사로 자원해서 갔다.

42년 동안 활동하면서 수많은 고초와 어려움을 겪었다. 그러나 그는 여러 사람과 함께 숙원사업이던 인도 45개 방언으로 말씀을 번역해 냈다.

뿐만 아니라 잠자던 세계의 수많은 젊은이들 가슴을 선교사역의 불로 뜨겁게 한 사람이다. 사역을 마무리할 즈음에 한 사람이 찾아가 "당신은 지치고 힘든 고난 가운데에서도 어떻게 이 일을 해낼 수 있었습니까?"라고 질문했다.

"저는요, 하나님 뜻 그 이하도 이상도 없었습니다. 나는 내 삶 속에서 하나님 뜻만 바라보았습니다. 나를 창조하신 하나님, 나를 이곳에 보낸 하나님 뜻이 이루어지도록 내 육체와 환경이 주는 소리와 싸워 이기고 하나님 뜻이 이루어질 수 있도록 하나님 뜻만 바라보았습니다."

윌리엄 캐리의 전기를 쓴 작가는 어떻게 윌리엄 캐리가 열정을 가지고 이 사역을 계속할 수 있었을까를 조사하면서 놀라운 사실을 발견하게 되었다. 윌리엄 캐리에겐 몸 약한 누나가 있었다. 누나는 인도를 떠날 때 이렇게 말했다.

"윌리엄, 나는 네게 아무것도 해줄 수가 없구나. 나는 병상에 누워 있을 수밖에 없는 나약한 몸이라 해줄 수 있는 것이라곤 기도밖에 없구나."

전기 작가는 윌리엄 캐리의 위대한 사역 배후에 있는 '기도밖에 할 수 없는 한 여인, 기도 외에는 아무 것도 할 수 없는 이 여인, 기도 외에는 자기존재를 발견할 수 없는 여인'에게로 초점을 맞췄다.

누나의 기도 속에 윌리엄 캐리가 사역을 이루는 놀라운 능력이 있었음을 전기 작가는 놓치지 않았다. 윌리엄 캐리의 누나는 자신의 존재 이유를 몰랐다. 그러나 하나님 뜻 앞에서 자기가 왜 나약한 모습으로 일평생 누워 지내야 하는지를 알았다.

 예화와 관련된 말씀

이에 예수께서 제자들에게 이르시되 누구든지 나를 따라오거든 자기를 부인하고 자기 십자가를 지고 나를 따를 것이니라 누구든지 제 목숨을 구원하고자 하면 잃을 것이요 누구든지 나를 위하여 제 목숨을 잃으면 찾으리라(마 16:24,25).

03 | 자기 자녀를 지키시는 하나님

식인종들에게 선교하셨던 분들 중에 아셀트라는 선교사가 있었다. 그 분이 선교 활동을 하는 중에 식인종들이 여러 번 아셀트 선교사를 끌고 가서 잡아먹으려고 아셀트 선교사 집을 밤에 침입 했었다.

그런데 밤중에 찾아갈 때마다 대문 앞에서 창칼을 들고 지키는 사람이 있었다. 낮에는 아무도 없는데, 밤에 와서 끌고 가 잡아먹으려 하면 그 사람이 창칼을 들고 지키고 있었다. 그래서 무서워서 떨다가 그냥 가고 또 그 다음 번에도 왔다가 그냥 돌아가곤 했다. 그러다가 이상하다고 생각한 식인종들이 아셀트 선교사를 낮에 찾아갔다.

"낮에 가보면 없는데. 이상하게 밤에 가보면 누군가가 칼과 창을 들고 너를 지키고 있다. 그 사람이 누구냐?"

식인종들의 물음에 아셀트 선교사는 다음과 같이 대답했다.

"우리 집에는 지키는 사람이 없습니다."

그러자 식인종들은 "거짓말 마라. 한두 번이 아니고 우리가 너를 끌어다 잡아먹으려고 여러 차례 왔는데도 밤만 되면 창칼을 들고 지키는 자가 있어서 무서워서 너한테 갈 수가 없었다."라고 말했다.

그때에 아셀트 선교사에게는 퍼뜩 떠오르는 영감이 있었다.

"하나님. 감사합니다. 쓸모없는 죄인을 버리지 아니하시고 지켜주셨음을 감사합니다. 저를 지켜주신 하나님의 은혜를 깨닫지 못하고 지키는 자가 없다고 말했던 불신앙의 죄를 용서하옵소서."

아셀트 선교사는 순간적으로 회개와 감사의 기도를 드렸다.

 예화와 관련된 말씀

사랑은 여기 있으니 우리가 하나님을 사랑한 것이 아니요 하나님이 우리를 사랑하사 우리 죄를 속하기 위하여 화목 제물로 그 아들을 보내셨음이라(요일 4:10).

04 | 캐나다 선교회의 밀알

한국 땅에서의 캐나다 선교의 시작은 맥켄지의 헌신으로 이루어졌다. 그는 신학교를 다니던 중 한국에 관한 이야기를 듣고 선교사로 가기로 작정하였다.

그는 자신의 전 재산인 100달러를 캐나다장로교 선교부에 내놓으면서 한국에 파송해 달라고 요청하였다. 선교부는 이것을 받아들이지 않았다. 그래서 맥켄지는 독립선교사로 1893년 12월에 서울에 도착하였다.

맥켄지는 한국말과 풍습을 빨리 배우기 위해서는 외국인 사회를 떠나 한국인 속으로 깊이 들어가야 한다고 생각하였다. 한국사람들이 사는 집에서 한국음식을 먹고 한국어를 사용하면서 살았다. 이런 맥켄지의 태도는 한국인들에게 큰 호감을 주었다. 크리스마스 때에 언더우드는 맥켄지를 위하여 빵, 과일, 야채, 차, 의복, 음식 등을 보냈지만 그는 이 모든 것을 버리면서 "내가 만일 이것들에 맛 들면 다시는 한국음식을 먹을 수 없게 될지도 모른다."고 말했다.

맥켄지의 마지막 일기에 의하면 그는 8개월 동안 외국인을 한 사람도 보지 못하고, 영어 한마디도 쓰지 않고 지냈다. 그런 생활 때문인지 그의 몸은 쇠약해져만 갔다. 그리고 1895년 6월 22일의 일기는 이렇게 기록되었다.

"이대로 죽어서는 안 된다는 생각이 든다. 땡볕 가운데 여행했고, 밤늦게 차가운 이슬을 맞으면서 설교한 것이 나의 실수였다." 며칠 후 맥켄지는 소래교회의 신자들을 모아놓고 자신은 이 땅에 한 알의 밀알이 되기 위해서 왔으며, 죽으면 재산은 가난한 사람들에게 나누어주고, 시체는 교회 옆에다 묻어달라고 부탁했다. 맥켄지가 죽자 소래교회 신자들은 캐나다장로교회에 선교사를 파송해달라는 진정서를 보냈다.

이렇게 해서 캐나다장로교회는 한국에 정식으로 선교를 시작하게 되었다. 맥켄지가 한국을 사랑했고, 복음을 위해서 한 알의 밀알이 되려고 했던 정신은 높이 평가해야 할 것이다.

예화와 관련된 말씀

내가 진실로 진실로 너희에게 이르노니 한 알의 밀이 땅에 떨어져 죽지 아니하면 한 알 그대로 있고 죽으면 많은 열매를 맺느니라 자기의 생명을 사랑하는 자는 잃어버릴 것이요 이 세상에서 자기의 생명을 미워하는 자는 영생하도록 보전하리라 (요 12:24,25).

05 | 주인을 전도한 머슴의 믿음

 천원군에 살던 머슴 이씨는 가난한 중에도 열심을 다하는 주님의 성도였다.

 교회 예배에 열심히 참예하면서 주의 일을 잘 받들었는데 남의 집 머슴살이를 하게 되면서 원하는 대로 교회 일을 하지 못함을 안타까이 여기게 되었다.

 머슴살이 첫 해 맥추 감사절이 되었는데 교회 예배에도 참예치 못했으니 얼마나 마음이 아픈지, 그 날 밤은 한잠도 못자고 머슴방에서 울면서 기도하였다.

 "주여 나로 하여금 주일도, 절기도 제대로 지킬 수 있게 도와주소서."

 그리고 기회 있을 때마다 주인에게 전도하기 시작했다. 다음 해가 되었다. 여름 보리 추수 후에 교회에서 지키는 맥추감사절에 참예하고 싶다고 주인에게 말했다. 처음에는 거절당하였으나 몇 번 부탁한 후에 허락을 받았다.

 다음은 예물을 드려야 되겠는데 가지고 있는 것이 없어서 다시 주인에게 말했다.

마침내 보리 한 가마를 주어서 그것을 가져다가 예물로 바치게 되었다. 그런데 그 주일 그 교회에서는 큰 변화가 있었다. 주인과 머슴이 같이 절기를 지키는 주일이 되었고, 머슴 이씨에게는 적은 것으로 바쳤는데, 큰 축복을 받을 수 있는 계기가 된 주일이었다.

그 후에 이씨 머슴은 주인 집을 다 구원했고, 경제적으로도 풍족해져 교회를 잘 받들었다.

 예화와 관련된 말씀

이르되 주 예수를 믿으라 그리하면 너와 네 집이 구원을 받으리라 하고(행 16:31).

06 | 와서 보라

평양 부근 조앙리라는 동네에 무당 심씨가 살고 있었는데, 그는 선교사들의 사는 모습이 매우 궁금했다. 그는 동네 여인들에게 "서양귀신들이 산다는 곳을 찾아가 그들이 어떻게 살아가는지 한 번 봅시다."라고 말했다.

조앙리 사람들은 읍내에 있는 선교사 집을 구경 가게 되었다. 이들이 맨 처음 놀란 것은 선교사 부인이 얼굴에 아무 것도 쓰지 않고 텃밭에서 과일과 채소를 가꾸고 있는 모습이었다. 여자들이 밖에서 일할 때에는 항상 얼굴을 가리는 것이 양반집의 모습인데 선교사 부인은 그렇지 않았다.

이들이 내린 결론은 선교사 부인은 양반이 아니라는 것이었다. 선교사 부인은 이들을 집안으로 안내했다. 이 선교사의 집은 겉으로는 한옥이었지만 내부는 서양식이었다. 마루 대신 응접실이 있었고 모든 것이 잘 정돈되어 있었다. 한국 여인들의 눈에 비친 집은 너무 깨끗했다.

무당 심씨는 "세상에 산신령이 사는 곳을 제외하고 이 세상에 이런 곳이 있을까"라고 생각했다. 선교사 부인은 방문

객들에게 앉으라고 권했다. 그리고 선교사 부인은 찾아온 손님들에게 하나님을 믿고 섬겨야 한다고 말했다. 한국인들은 하나님은 너무 멀리 있어서 아무런 도움이 되지 못하므로 귀신을 섬겨 재앙을 피해야 한다고 생각했다.

무당 심씨 일행은 그곳에서 일하는 소년에게 이 서양 사람들이 도대체 어떤 사람들이냐고 물어보았다.

이 소년은 "지난 몇 달 동안 같이 지냈는데 남자가 여자를 때리는 것을 한 번도 보지 못했어요. 또 여자가 큰소리 내는 것을 한 번도 못 들어 보았어요."라고 대답했다. 남자들의 폭력 아래 살아왔던 한국 여인들에게 아내를 사랑하는 선교사들의 모습은 큰 감동을 주었을 것이다. 초기 선교사들은 자신들의 삶을 통해서 한국인들에게 그리스도를 전했다.

 예화와 관련된 말씀

내가 복음을 부끄러워하지 아니하노니 이 복음은 모든 믿는 자에게 구원을 주시는 하나님의 능력이 됨이라 먼저는 유대인에게요 그리고 헬라인에게로다(롬 1:19).

그러므로 너희는 가서 모든 민족을 제자로 삼아 아버지와 아들과 성령의 이름으로 세례를 베풀고(마 28:19).

07 나는 혼자가 아닙니다

아프리카 개척자며 선교사인 리빙스턴이 오랜만에 고국인 영국으로 돌아왔다. 글래스고 대학이 그에게 명예법학 박사 학위를 수여했기 때문이었다.

학위를 받기 위해 행사장에 나타난 리빙스턴을 본 사람들은 몹시 놀랐다. 옛날의 멋지고 건강한 청년이었던 그의 모습은 전혀 찾을 수 없었기 때문이다.

사실 아프리카 원시림에서 사자에 물리기도 했고, 아프리카의 심한 열병으로 20번이나 쓰러졌었다.

학위를 받은 리빙스턴이 감사의 뜻을 표하면서 아프리카에 다시 돌아가겠다고 말하자 사람들은 다시 한 번 놀랐다.

그가 극심한 고생과 살아가는 것조차도 불확실한 아프리카에 다시 돌아가리라고 생각한 사람은 한 사람도 없었기 때문이었다.

그러자 글래스고 대학 강당은 술렁거리기 시작했다. 분위기를 감지한 리빙스턴은 말없이 사람들을 둘러본 뒤에 이렇게 말했다.

"염려하지 마십시오. 나는 혼자가 아닙니다. 세상 끝 날까지 함께 있겠다고 약속하신 살아계신 주님이 계시기 때문입니다. 그 분이 나의 길동무가 되어 원시림과 광야를 함께 걸어가 주십니다. 그러니 제게 무슨 두려움이 있겠습니까?"

 예화와 관련된 말씀

사람아 주께서 선한 것이 무엇임을 네게 보이셨나니 여호와께서 네게 구하시는 것은 오직 정의를 행하며 인자를 사랑하며 겸손하게 네 하나님과 함께 행하는 것이 아니냐(미 6:8).

08 | 그리스도의 사랑

영국의 선교사인 허드슨 테일러가 중국 대륙의 전도 책임자로 있을 때 그는 가끔 전도를 희망하는 후보자를 면접하였다.

한 번은 전도하기로 결심한 사람을 만나 "왜 당신은 해외 선교사로 가기를 원합니까?"하고 물었다.

선교사 후보자는 대답하기를 "나는 예수 그리스도께서 우리에게 전 세계에 나가서 복음을 전하라고 명령하셨기 때문에 가기를 원합니다."라고 대답하였다.

또 다른 한 명은 수백만의 사람들이 그리스도 밖에서 타락하고 있기 때문에 선교사로 나가기를 원한다고 대답하였다.

그때 허드슨 테일러는 말하기를 "그 모든 동기들은 좋지만 시험과 시련 그리고 고생, 심지어 죽음의 순간을 당할 때, 그것은 당신을 구하지 못합니다.

단지 한 가지 동기가 당신을 어려운 시험과 시련에서 견디게 해줄 것입니다. 그것은 그리스도의 사랑입니다."라고 대답했다고 한다.

아프리카에 있는 선교사가 한 번은 이런 질문을 받았다고 한다. "당신은 당신이 하고 있는 일을 진실로 좋아해서 하십니까?"

그의 대답은 충격적이었다.

"아닙니다. 나와 처는 먼지와 이 고생을 좋아하지 않습니다. 우리는 초라한 냄새가 나는 이런 오두막집에서 사는 것을 좋아하지 않습니다.

그러나 우리가 좋아하지 않는다고 그리스도를 위하여 아무 것도 하지 않으면 되겠습니까? 우리는 가라는 명령을 받았고, 그리스도의 사랑이 우리를 강권하시기 때문입니다"라고 대답했다고 한다.

오직 그리스도의 사랑만이 진정한 전도를 하게 할 것이다.

 예화와 관련된 말씀

사랑은 여기 있으니 우리가 하나님을 사랑한 것이 아니요 하나님이 우리를 사랑하사 우리 죄를 속하기 위하여 화목 제물로 그 아들을 보내셨음이라(요일 4:10).

09 | 전도하는 즐거움

병원을 운영하던 의사가 있었다. 일과를 끝내고 그날의 수입을 세는 것이 그의 즐거움이었다. 그러다 어느 날 성령께서 탄식하는 소리를 듣게 되었다.

"내 종아, 너는 매일 번 돈을 기쁘게 세는데 매일 만나는 사람 중에서 네가 복음을 전한 사람의 수를 세어 본 적이 있느냐?"

그는 이 말에 충격을 받았다.

'그래... 내가 그랬어.... 내일부터 성령님의 음성대로 전도를 해야겠어.'라고 의사는 결심을 하였다. 그는 다음날부터 찾아오는 환자에게 정성껏 치료를 해주고 전도를 하기 시작했다. 구원의 기쁨을 나누기 시작했다. 그리고 일과가 끝난 후엔 구원한 영혼의 카드를 쓰기 시작했다.

이제는 영혼을 위한 카드를 세는 재미로 누계를 내기 시작했다. 병원에 간증집도 비치하였다. 그 후에 그의 병원도 전보다 엄청난 복을 받게 되었다.

하나님께서는 우리의 삶의 자리에서 무엇을 하든지, 또는 때를 얻든지 못 얻든지 구원의 기쁨 소식을 전하길 원하시고 계신다.

이 시간부터 우리들도 전도하는 어려움과 부끄러움이 아닌 전도하는 기쁨을 맛볼 수 있기를 바란다.

 예화와 관련된 말씀

이에 백성은 외치고 제사장들은 나팔을 불매 백성이 나팔 소리를 들을 때에 크게 소리 질러 외치니 성벽이 무너져 내린지라 백성이 각기 앞으로 나아가 그 성에 들어가서 그 성을 점령하고(수 6:20).

10 | 술주정꾼을 전도한 무디

무디는 하루에 한 사람에게 반드시 복음을 전한다는 목표를 세웠다.

그런데 어느 날은 아무에게도 전도할 기회를 얻지 못했다. 그날 밤 잠자리에 들었으나 책임을 완수하지 못했다는 생각 때문에 잠이 오지 않았다. 그래서 다시 옷을 입고 거리로 나갔다. 밤중에 거리에 서서 복음을 전할 대상자를 찾는데, 한 술주정꾼이 눈에 띄었다.

그는 다짜고짜 다가가서 "예수님을 아시나요?"라고 물었다. 그 술주정꾼은 예수라는 말을 듣자마자 화부터 벌컥 내며 무디를 밀쳐버렸다. 무디는 집으로 돌아올 수밖에 없었다.

그 후 3개월이 지난 어느 날 누군가가 무디의 집을 찾아와 문을 두드렸다. 나가서 문을 열어보니 예전의 그 술주정꾼이었다.

그 술주정꾼은 그날 밤 예수님을 아느냐는 말에 크게 화를 냈으나 그때부터 그 말이 귓전에서 떠나지 않아 예수를 믿기로 했다고 고백했다.

  복음을 전하는 것은 우리 몫이고 그 복음의 씨앗을 발아하게 하고 자라게 하며 결실을 맺게 하는 것은 하나님의 몫이다. 그러니 열심히 기회를 찾아서 복음을 전하자.

 예화와 관련된 말씀

그들이 날마다 성전에 있든지 집에 있든지 예수는 그리스도라고 가르치기와 전도하기를 그치지 아니하니라(행 5:42).

내가 복음을 부끄러워하지 아니하노니 이 복음은 모든 믿는 자에게 구원을 주시는 하나님의 능력이 됨이라 먼저는 유대인에게요 그리고 헬라인에게로다(롬 1:19).

11 | 남편 전도법

한국교회 성도들 중 70%가 여성들인데 그 중 불신자 남편과 결혼한 여성이 30%정도 된다고 한다.

불신자 남편과 결혼한 크리스천 여성들의 사랑의 힘으로 남편을 전도할 수 있을 것이라 생각하지만 실제로 결혼 후엔 남편을 전도하려다 포기하고 혼자 신앙생활을 하거나 본인마저 신앙을 잃어버리게 되는 경우가 많다고 한다.

남편을 전도하는데 있어서 가장 중요한 것은 복음을 전하는 아내의 모습이다.

온누리 교회에서는 남편 전도로 인해 힘들어 하는 아내들을 위해 '아내의 프로포즈' 라는 남편 초청집회를 여는데 참석을 원하는 아내들은 미리 남편들에게 '아내의 약속 7가지' 를 읽어주고 자신의 마음을 담은 사랑의 편지를 띄워서 남편이 동의한다면 함께 이 집회에 참석하게 되었다.

남편을 위한 아내의 약속 7가지는 다음과 같다.

① 나는 남편을 전심으로 섬기겠다.
② 자신의 자아와 고정관념까지도 버리겠다.
③ 신앙문제로 남편과 다투지 않겠다.
④ 어떤 순간에도 남편을 인정하겠다.
⑤ 출퇴근하는 남편에게 사랑 표현을 하며 힘을 불어넣어 주겠다.
⑥ 매일의 시작과 끝에 남편을 위한 기도를 하겠다.
⑦ 하나님의 때와 하나님의 방법을 기다리겠다.

 서로 사랑하고 평생 함께 살 남편이지만 전도는 쉬운 일이 아니다. 사람의 노력만으로는 한계에 부딪히니 성경에 나온 대로 아내의 의무를 다하며 매일 기도하라.

 예화와 관련된 말씀

그러나 교회가 그리스도에게 하듯 아내들도 범사에 자기 남편에게 복종할지니라(엡 5:24).

12 | 로마시대 40명의 순교자

 기원후 300년 봄, 동로마의 황제 "리니치오"는 금교령을 내리고 기독교도들에게 우상 앞에 향불을 피우라고 명하였다. 지금으로 치면 아르메니아 지방에 살고 있던 40명의 그리스도인 병사들은 이에 대해 반대하였다.

 총독 아그리고라오는 이들을 배교시키기 위하여 가장 혹독한 방법을 생각해 내었다. 저들의 옷을 벗기고는 눈 오는 날 호수의 얼음 위에 앉히고 그곳에서 얼어 죽도록 하였다. 그 곁에는 김이 모락모락 나는 목욕탕을 만들어 놓고 "기독교를 버릴 자는 여기 와서 몸을 데우라"고 유혹을 하였다. 그러나 그 40명의 용사들은 거들떠보지도 아니하고 40의 거룩한 수대로 순교의 영광을 얻게 해 달라고 간절히 기도하고 있었다.

 저들의 몸이 얼어 피가 돌지 못하고 죽게 되었을 때, 그 중에서 한 사람이 참지 못하고 뛰쳐나오면서 "기독교를 배반 할테니 살려 달라."고 하였다. 수직하던 병사들이 그 사람을 더운 김이 모락모락 나는 목욕탕에 들어가게 하였다. 그는 이제 살았다고 기뻐하며 더운 물에 들어갔지만 심장마비로 그 자리에서 즉사하였다.

이때 한 병사가 하늘을 쳐다보니 찬란한 광채가 하늘로 부터 그 용사들 위에 비쳐오는 가운데 천사들이 손에 손에 빛나고 아름다운 면류관을 들고 내려와서 용사들의 머리 위에 씌워 주는 것이었다.

그런데 한 천사가 임자 잃은 면류관을 들고 하늘로 올라가려고 하는 것이 아닌가? 그것을 보고 있던 병사는 기독교가 참 신앙임을 알고 "나도 기독교 신자가 되겠소." 소리를 치며 옷을 벗어던지고 달려 들어가서 40의 성수(聖數)를 채웠다. 40용사의 시체를 불살라 그 재를 강물에 던졌는데 이상하게도 그것이 흩어지지 않고 한 덩어리가 되므로 이를 건져내어 성당에 안치하였다.

 예화와 관련된 말씀

시험을 참는 자는 복이 있나니 이는 시련을 견디어 낸 자가 주께서 자기를 사랑하는 자들에게 약속하신 생명의 면류관을 얻을 것이기 때문이라(약 1:12).

누구든지 자기 목숨을 구원하고자 하면 잃을 것이요 누구든지 나와 복음을 위하여 자기 목숨을 잃으면 구원하리라(막 8:35).

13 | 폴리캅의 순교

초대교회시대는 교회에 대한 많은 핍박이 있었고 수많은 그리스도인들이 순교의 피를 흘렸다. 초대교회시대의 서머나의 감독이었던 성 폴리캅 감독이 있었다.(A.D.69~155)

그가 순교할 때의 일이다. 그는 자기를 체포하러 온 병졸들을 정성껏 대접하고 그들을 위해서 기도해 준 뒤 화형대 앞에 섰다. 그때 호민관이 폴리캅에게 지금이라도 배교하면 살려주겠다고 했다.

그러나 폴리캅은 이렇게 대답했다.

"나는 86년 동안 그리스도를 섬겨왔고 주님은 나를 한 번도 모른다고 하시지 않았는데 내가 어찌 왕이시요, 나의 주인이신 그리스도를 부인하겠는가?"

대답을 마친 뒤 폴라캅은 화형의 장작더미에 올라갔다. 그리고 화형을 집행하는 형리에게 외쳤다.

"그대들은 한 시간 가량 사르고 없어질 불로 나를 위협하고 있다. 그러나 어찌하여 장차올 심판의 불을 그대들은 모르는가? 왜 이리 지체하고 있느냐 어서 장작더미에 불을 붙여 화형을 집행하라."

  그는 아주 평화롭게 찬양을 불렀으며, 불타고 있는 장작더미 위에서는 천사들이 그에게 화답하였다.

 예화와 관련된 말씀

생각하건대 현재의 고난은 장차 우리에게 나타날 영광과 비교할 수 없도다(롬 8:18).

볼지어다 내가 네 앞에 열린 문을 두었으되 능히 닫을 사람이 없으리라 내가 네 행위를 아노니 네가 작은 능력을 가지고서도 내 말을 지키며 내 이름을 배반하지 아니하였도다(계 3:8).

14 | 언더우드와 키니네 장사

처음 한국 교회 사역자들은 대부분 서울과 지방에서 열리는 사경회에 참석, 소정의 성경교육을 받고 자기 교회로 돌아가 말씀을 증거하고 성경을 가르쳤다. 이들은 대부분 경제적으로 어려웠다. 그래서 이들을 어떻게 도와야 할 것인지가 중요한 문제가 됐다.

선교사들이 한국인 사역자들을 돕는 방법은 간접적이었다. 기독교 서적을 판매하게 하고 그 수입의 일부를 갖게 하든지 간단한 진료소를 만들어 약을 팔게 해주든지 하는 것이었다. 그 중에서도 주목할 만한 경우가 해열, 강장제 및 말라리아 치료제인 키니네 판매였다. 조선에도 키니네의 효능이 널리 알려져 매우 비싸게 팔렸다. 선교사들은 여기에 착안하여 외국에서 키니네를 수입하여 한국인 사역자들을 통하여 싸게 보급하고자 하였다. 선교사들의 주목적은 키니네 판매를 통해 한국인 사역자를 돕기 위한 것이었다.

언더우드 선교사는 미국의 믿을 만한 약품회사에 연락하여 키니네를 아주 싼 가격에 대량으로 주문하였다.

약병에는 '키니네는 육체의 어떤 병에는 효과가 있지만 이 약으로 인간의 영혼은 구할 수 없고 인간의 영혼을 구하는 약은 따로 있다.'는 전도 문구를 부착하였다.

한국인 사역자들은 이 키니네를 판매하고 그 수익금의 일부를 자신들의 수입으로 삼았다. 처음에는 매우 성공적인 사업처럼 판단됐다. 하지만 1년쯤 지나서 판매망이 확장되었을 때 문제점들이 발견되기 시작했다.

언더우드 선교사는 이 사업이 본래적인 선교 사역에 쏟아야 할 시간과 노력을 너무 많이 빼앗는다는 것을 알게 되었다. 뿐만 아니라 이것은 다른 차원에서 문제를 일으키기도 하였다. 무역상들은 선교사들이 세속적인 일에 관심을 쏟는다고 비판하였다. 한국인 사역자들이 돈에 관심을 갖게 돼 영적 관심이 육적 관심으로 바뀌고 말았다. 결국 언더우드 선교사는 키니네 판매 사업을 중지하였다.

 예화와 관련된 말씀

> 그리스도를 위하여 너희에게 은혜를 주신 것은 다만 그를 믿을 뿐 아니라 또한 그를 위하여 고난도 받게 하려 하심이라(빌 1:29).

15 | 당당한 그리스도인

6·25 사변 당시 충남에서 강경 침례교회를 담임하셨던 이종덕 목사의 이야기이다. 조용하던 강경 지방에 어느 날 공산당이 들어오자 마을 사람들에게 두려운 마음이 생겼다. 그래서 그 다음날부터 마을 사람들은 그들의 눈 밖에 나지 않기 위해 모두들 공산주의자가 되어버린 듯이 행동을 했다. 그리고 예수를 믿던 사람들까지도 자신이 그리스도인임을 나타내는 사람은 한 사람도 없었다. 이 상황을 지켜보던 목사는 후배인 김장배 목사를 찾아가 도와달라고 부탁하며 두껍고 큰 종이를 가져왔다.

"목사님, 이 두꺼운 종이는 무엇을 하려고 그러십니까?"

"내 명함을 만들려고 하네."

"명함이요? 생전에 명함 한 장 안 지니시다가 갑자기 명함을 만들려고 하는 이유가 무엇입니까?"

이종덕 목사는 물음에 대답은 하지 않고 후배 목사에게 큰 종이를 명함 크기로 자르도록 시켰다. 그리고 그 명함종이에 '강경 침례교회 목사 이종덕'이라고 쓰도록 했다. 후배 김장배 목사는 시키는 대로 쓰면서 다시 물었다.

"그런데 목사님, 이 명함을 어디에 쓰시려고 하십니까?"

"이 명함을 가지고 다니면서 경찰이고 공산당원이고 내가 만나는 사람마다 모두 나눠주려고 하네."

"아이고 목사님, 다른 사람들은 다 그리스도인이라는 것을 숨기려고 하는데 이게 무슨 말씀이십니까? 큰일이라도 당하시면 어떡하려구요."

"아니 이 사람이! 자네도 그리스도인이라는 것이 부끄러운가? 내가 복음을 전하는 목사라는 사실을 숨겨야 할 이유가 어디 있나?"

그 목사는 그 명함을 뿌리고 다니면서 복음을 전하다가 결국 공산당의 총탄에 맞아서 순교하였다.

 예화와 관련된 말씀

내가 복음을 부끄러워하지 아니하노니 이 복음은 모든 믿는 자에게 구원을 주시는 하나님의 능력이 됨이라 먼저는 유대인에게요 그리고 헬라인에게로다(롬 1:16).

16 | 핍박받는 자의 복

주님은 핍박의 가시밭길을 통하여 우리의 인격을 단련시켜서 주님을 사랑하는 순수한 마음을 가르치신다. 그리고 우리가 주님을 사랑하는 마음으로 주 앞에 엎드릴 때 주께서 우리를 영원한 땅으로 인도하신다. 열 두 제자의 마지막 최후를 보면 이러한 사실을 알 수 있다.

수제자였던 베드로는 로마에서 십자가에 거꾸로 매달려 죽었다.
빌립은 소아시아에서 십자가를 지고 죽었다.
바돌로매는 몸의 가죽을 벗기는 죽임을 당했다.
도마는 인도에서 순교했다.
마가는 알렉산드리아에서 기도하며 순교했다.
마태는 에디오피아에서 창에 찔려 순교를 당했다.
안드레는 에데사에서 십자가에 못 박혀 순교했다.
맛디아는 예루살렘에서 돌팔매질을 맞고 쓰러진 뒤 목 베임을 당했다.
누가는 헬라에서 감람나무에 매달려 죽임을 당했다.

바울은 로마에서 칼에 목이 떨어지면서도 예수의 이름을 부르다 죽었다.

사도 요한은 백 살까지 온갖 시련을 겪다가 죽어간 살아있는 순교자였다.

초대 교회의 유명한 교부인 터툴리안은 "순교자의 피는 교회의 종자가 된다."라고 했다.

그리스도인들은 시련의 광야를 통과하지 않고는 젖과 꿀이 흐르는 땅을 얻을 수 없다. 하나님의 나라에 들어가려면 그리스도를 위하여 많은 환난을 겪어야 한다.

 예화와 관련된 말씀

의를 위하여 박해를 받은 자는 복이 있나니 천국이 그들의 것임이라(마 5:10).

17 | 순교자

 스위스의 한 순교자가 장작더미 위에 맨발로 올라섰다. 이제 막 불을 질러 화형을 집행하려는 순간 자기의 화형집행 형리를 감독하던 치안판사를 가까이 오라고 했다.
 "죄송하오나 판사님의 손을 내 가슴에 얹어 보십시오. 저는 이제 곧 화형을 당하는 몸이옵니다.
 만약 저의 심장이 평상시보다 조금이라도 빠르게 뛴다면 저의 종교를 믿지 마시고 저의 하나님을 부인하셔도 좋습니다."라고 하였다.
 그렇지 않아도 순교자의 표정이 너무 담담하여 의아했던 그는 떨리는 손으로 순교자의 가슴에 손을 얹었다. 그 순교자의 가슴은 화형을 기다리는 사람이 아니라 침대에 잠자러 가는 사람처럼 고요하기만 했다.
 치안판사는 너무나 놀랐다. 이 비범한 힘이 어디서 왔단 말인가?
 죽음이 불신자들에게는 불안한 것이요 두려운 것이며 고통스러운 것이 될 수밖에 없으나 구원받은 성도들에게는 주님을 만나는 순간이요, 주님이 예비하신 아름다운 영원한 집으로 들어가는 순간이니 어찌 불안하며 두려우랴.

무디 선생은 "세상이 점점 멀어지니 천국문이 열린 것이 보이는구나."라고 하며 기쁘게 세상을 마쳤다.

인생의 마지막 순간 천국 문이 보이지 않는다면 기쁘게 죽어갈 수 없을 것이요, 기쁘게 죽어가지 않을 자가 어찌 천국에 가겠는가?마지막 모습이 그의 행방을 말해 줄 것이다.

예화와 관련된 말씀

악인은 그의 환난에 엎드러져도 의인은 그의 죽음에도 소망이 있느니라(잠 14:32).

18 | 순교의 피

B.C. 170년경에 시리아의 안디오쿠스 에피파네스가 유대 종교를 말살해 버리고 완전히 헬라화를 시키기 위해서 예루살렘을 점령한 후 8만 명의 유대 사람들을 죽이고 10만 명은 포로로 잡아갔다.

또 예루살렘 성전에는 이방의 신을 모셔 놓고 강제로 숭배를 하게 했으며 돼지고기를 가지고 성전을 더럽혔고 성전을 창녀들의 소굴로 만들어 버렸다. 그때에 수많은 사람들이 자기의 신앙 때문에 생명을 바쳤다.

특히 유명한 사건 하나는 일곱 사람의 형제에게 여호와를 버리고 이방신을 섬기라고 했는데 그들이 여호와를 버리지 않았기 때문에 그 앞에서 하나씩 차례로 학살을 당했다.

장남은 차바퀴에 결박을 하여 돌려서 죽이고, 차남은 쇠못 장갑으로 가죽을 벗겨서 죽였으며, 셋째는 능지처참을 했고, 넷째는 혀를 자르고, 다섯째는 산 채로 돌방아로 찧어서 죽이고, 여섯째는 시뻘겋게 단 쇠꼬챙이로 창자를 찔러서 태워 죽였으며, 일곱째는 불가마에다 볶아서 죽였다.

그런데 일곱째는 여섯 형제에 대한 그 고문과 학살을 수 시간 동안 보면서도 결코 그의 신앙을 버리지 않았다.

이스라엘의 신앙을 지킨 순교의 피가 면면히 흐르고 흘러 신약의 순교의 피가 흐르고 전도자들의 순교의 피가 흐른 것이다. 또한 우리 한국 사회에도 가톨릭과 개신교의 많은 순교의 피가 이조시대와 일제시대와 공산치하에서 이렇게 흐르고 흘러서 우리들에게 생명의 복음이 전해졌다.

그러므로 우리는 이 복음을 두렵고 떨리는 마음으로 영접해야 한다. 그렇게 진실한 사람들이 자기와 단 한 번만의 생명을 제물로 바친 것뿐만이 아니고 자기의 매 순간 순간을 통해 진실 되게 증언해 준 진리이다. 이 생명의 복음을 우리는 조심스럽게 받아야 한다.

그리고 순교의 피를 생각하며 우리도 그들처럼 순교자적인 삶을 살아 이것을 후대에게 전해 주어야 하겠다.

 예화와 관련된 말씀

> 몸은 죽여도 영혼은 능히 죽이지 못하는 자들을 두려워하지 말고 오직 몸과 영혼을 능히 지옥에 멸하시는 자를 두려워하라(마 10:28).

19 나는 죽어도 예수를 믿습니다

제정시대 때에 만주 연길현에 종성동이란 마을이 있었는데, 이곳은 함경북도 종성 사람들이 개척한 동리로 100여 명이 거주하고 있었으며 침례교회도 하나 있었다.

그런데 1939년 11월 어느 날 해가 질 무렵, 공산당원들이 이 마을을 습격하고는 교인과 동리 사람들을 예배당에 몰아넣고는 불신자는 좌편에 교인들은 우편에 갈라서라고 명령했다. 이때에 한씨 부인이 "나는 죽어도 예수를 믿는다!"고 하고는 우열로 나서자, 너도 나도 60여 명의 교인들이 이에 따라 나섰다.

그러자 공산당원들은 이 교회를 시무하고 계시던 김영진 목사를 끌어다가 완전히 옷을 벗겨 쇠사슬로 결박한 다음 교인들이 지켜보는 앞에서 면도날을 들고는 발목으로부터 가죽을 벗기기 시작했다.

그리고 한편으로는 칼을 목에 대고 "너 이래도 예수를 믿겠느냐?"고 다짐시킬 때에 김 목사는 "나는 예수 믿습니다. 나는 예수 믿습니다." 하며 '예수, 예수' 할 때에 공산당원들은 그의 생식기까지 잘랐다.

이때에 김 목사는 숨이 끊어지고 말았는데 독이 오른 공산당원들은 "너희들도 예수 믿는 것을 포기하지 않으면 이렇게 죽이겠다."고 소리소리 쳤다.

그러나 어느 한 사람 배교하는 자 없이 모두 엎드려 울부짖어 기도했다고 한다.

이와 같은 사실은 김영진 목사 후임으로 종성교회에 부임했던 한기춘 목사가 증언한 내용인데 말세에 이와 같은 때가 이르리니 죽도록 충성하라고 주님은 교훈하고 계신다.

 예화와 관련된 말씀

또 어떤 이들은 조롱과 채찍질뿐 아니라 결박과 옥에 갇히는 시련도 받았으며 돌로 치는 것과 톱으로 켜는 것과 시험과 칼로 죽임을 당하고 양과 염소의 가죽을 입고 유리하여 궁핍과 환난과 학대를 받았으니 (이런 사람은 세상이 감당하지 못하느니라) 그들이 광야와 산과 동굴과 토굴에 유리하였느니라 (히 11:36~38).

20 | 나는 크리스천입니다

성 루시안(S. Lucianus)은 이단과 싸우다가 9년 동안이나 감옥에 갇혀 있었다. 311년 맥시미아노 황제가 박해할 때 그도 잡혀서 끌려 나가 심문을 받을 때, 그가 위대한 학자임을 아껴 배교하면 목숨을 살려 주고 부귀까지 주겠노라고 약속하며 대답을 기다렸다. 그러나 그는 다만 "나는 크리스천입니다." 한 마디만 말할 뿐이었다.

재판하는 법관 앞에서도 일절 말하지 않고 다만 "나는 크리스천입니다."만 반복할 뿐이었다.

고향이 어디냐고 물어도 "나는 크리스천입니다.", 이름이 무어냐고 물어도 "나는 크리스천입니다."였다는 것이다.

감옥에 그를 면회하러 찾아온 성도를 보고 자기는 판자에 쇠사슬로 묶여 누워 있으면서도 도리어 신자를 보고 신앙을 끝까지 지킬 것만 권면했다.

그리고 그가 쇠사슬에 묶여 누워있는 그의 가슴을 제대(祭臺)로 삼아 그 위에서 성찬 예식을 거행하고는 그 다음날 끌려 나가 참수형을 당해 순교했다.

박해자들은 그의 시체에 큰 돌을 매달아 깊은 바다에 던져 넣었으나 2~3일 후에 시체는 다시 떠올랐다.

우리가 언제 어디서나 자랑하고 고백해야 할 말은 바로 "나는 크리스천입니다." 입니다.

세상과의 타협이 들어와도, 유혹이 눈웃음쳐도, 죄가 미혹시켜도 우리가 자랑스럽게 외쳐야 할 말은 바로

"나는 크리스천입니다!"

 예화와 관련된 말씀

영접하는 자 곧 그 이름을 믿는 자들에게는 하나님의 자녀가 되는 권세를 주셨으니(요 1:12).

21 | 똥을 퍼먹은 허임

1840년 1월 30일 순교하여 103위 성인 가운데 오른 허임이라는 사람이 있었다. 그는 기해박해 때 체포되어 포청에 끌려갔는데 심한 혹형으로 배교를 하였었다.

그러나 곧 그것을 뉘우치고 즉시 재판관을 찾아가서 말했다.

"나는 죄를 지었으나 지금은 그걸 뉘우칩니다. 입으로는 배교하였으나 마음으로는 교우였고 지금도 교우입니다."

재판관이 그를 다시 옥에 가두었는데 옥사장들이 그를 괴롭히며, "말로 취소하는 것만으로는 부족하니 네가 뉘우친다는 표를 우리에게 보여 주어야 한다."고 했다.

그리고는 대소변이 가득 찬 통을 가리키며 말했다.

"네가 참으로 뉘우친다면 여기 사발이 있으니 저 통에 있는 것을 퍼서 먹고 마셔라."

그러자 허임은 서슴지 않고 그것을 한 사발 듬뿍 퍼서 단숨에 삼켜버리고 다시 뜨려고 하니 옥사장들이 소리를 질렀다.

"그만 두어라, 그만 둬. 그렇지만 여기 십자가가 있으니 네가 배교하기 싫거든 십자가 앞에 엎드려라."

허임은 꿇어서 이마를 땅에 대고 조아리며 배반하였던 예수를 온 마음을 다해 통회하고 예배하였다.

이렇게 하여 그는 배교를 취소하고 심한 매질과 함께 옥중에서 45세의 나이로 순교하였다.

 예화와 관련된 말씀

> 그들이 조반 먹은 후에 예수께서 시몬 베드로에게 이르시되 요한의 아들 시몬아 네가 이 사람들보다 나를 더 사랑하느냐 하시니 이르되 주님 그러하나이다 내가 주님을 사랑하는 줄 주님께서 아시나이다 이르시되 내 어린 양을 먹이라 하시고 (요 21:15).

22 | 불꽃도 나를 사르지 못하리라

16세기 초, 영국인들은 중세 가톨릭의 지배 아래 일종의 영적 노예 상태로 허덕였다. 그러다가 라틴어 성경이 영어로 처음 번역되면서 영적 부흥은 새로운 힘을 얻었다. 영국 종교개혁의 선구자 중에 토마스 빌네이가 있었다.

그는 "사제들이 영혼의 구원이 아니라 자기들에게 이득이 되는 것을 추구하고 있는 것은 아닐까?"라는 생각을 하곤 했다. 그러다가 친구들이 새로 번역된 신약 성경을 그에게 소개해 준 다음부터 그는 변하기 시작했다.

"나는 바울보다 더 큰 죄인이다. 그러나 그리스도께서 죄인들을 구원하신다!"

빌네이는 지칠 줄 모르고 신약 성경을 읽으며 예수님의 가르침에 따랐다. 그리고 백성들을 향한 지배 권력을 놓지 않으려는 기존 교회를 격노시키는 설교자가 되었다. 결국 빌네이는 교회를 거스른 이단자라는 판결을 받고 화형에 처해지게 되었다. 화형대를 향해 걸어가는 그는 놀라울 정도로 차분했다.

예수님에 대한 자신의 신앙을 고백한 그는 죽음을 맞으며 이렇게 말했다.

"저 불꽃이 나를 삼킬 때 나는 그 열기를 느낄 수 없을 것입니다. 내 몸은 불에 타 없어지겠지만, 그 고통 뒤에는 말로 할 수 없는 기쁨이 따를 것입니다. '네가 불 가운데로 행할 때에 타지도 아니할 것이요, 불꽃이 너를 사르지도 못하리니….'"

그 후 불길이 타오르기 시작했고 빌네이는 서서히 숨을 거두었다. 그의 신앙고백은 그 자리에 있었던 사람들의 마음속에 깊이 새겨졌고, 많은 영혼을 변화시키는 능력이 되었다.

 예화와 관련된 말씀

몸은 죽여도 영혼은 능히 죽이지 못하는 자들을 두려워하지 말고 오직 몸과 영혼을 능히 지옥에 멸하시는 자를 두려워하라"(마 10:28).

23 | 예수님의 죽으심을 본받아

중국 청나라 말기에 '장센'이란 사람이 있었다. 그는 노름꾼에다가 호색한이었다. 그런 그가 중년이 되자 시력이 점점 나빠지더니 거의 앞을 볼 수 없게 되었다.

어느 날 선교사들이 운영하는 병원에 찾아간 장센은 극적으로 시력의 일부를 회복할 수 있었다. 여기서 복음을 들은 장센은 이제 자신도 과거의 죄를 회개하고 하나님의 자녀가 되었음을 확신하며 세례를 요청했다.

그러나 J. 웹스터 선교사는 "돌아가서 이웃들에게 당신이 변화되었다고 말하시오. 얼마 후 우리가 방문할 그때까지 당신이 주님을 따르고 있다면 기꺼이 세례를 주겠소."라고 말했다. 다섯 달 후, 그 마을에 도착한 선교사들은 수백 명의 새로운 신자들을 발견할 수 있었다. 시력을 완전히 잃어버린 장센은 욕을 먹고 침 뱉음을 당하면서도 계속 복음을 전했다.

어느 날 의화단원들이 약 50명의 성도들을 붙잡아 처형하려고 했을 때 어떤 사람이 말했다.

"이들을 죽여 봐야 소용없어요. 장셴이 살아 있는 한 그리스도인은 자꾸 생겨나니까요."

의화단원들은 장셴을 데려오면 50명을 살려 주겠다고 했다. 장셴은 자신을 위해 대신 죽으셨던 예수님을 바라보며 자진 출두했다. 지방 관원들은 우상에게 절하지 않으면 그를 죽이겠다고 위협했다.

그러자 장셴은 자신은 이미 예수 그리스도를 믿고 있으며 오직 하나님께만 예배한다고 대답하면서 "하늘에 계신 아버지여, 내 영혼을 받으소서."라고 기도했다.

육신의 눈은 보이지 않지만 영혼의 눈으로 거룩하고 영원한 것을 보며 결국 장셴은 기꺼이 순교의 제물이 되었다.

 예화와 관련된 말씀

또 너희가 내 이름을 인하여 모든 사람에게 미움을 받을 것이나(눅 21:17).

24 | 순교자의 교훈

한 중국 청년이 미국에서 우수한 성적으로 공부를 마치고 좋은 관리직을 제공받게 되었다.

그러나 그 청년은 미국 정부의 관리가 되기를 굳게 사양하고, 목회자의 길을 선택했다. 누군가 그에게 "왜 그처럼 좋은 자리를 거절하고 목사가 되었습니까?"라고 물었을 때, 그는 다음과 같이 대답했다.

"나는 의화단 사건이 있었을 때에 중국의 내륙 지방에 살고 있었습니다. 우리 마을에는 우상을 섬기는 큰 신당이 있었는데 하루는 많은 기독교인들이 군인들에게 끌려서 그 신당으로 왔습니다. 군인들은 그들에게 우상에게 절하고 신앙을 버리도록 위협했습니다.

우상에게 절을 하면 살려 준다는 것이었습니다. 군인들은 기독교인들을 한 줄로 세우고 우상 앞을 지나가며 절을 하게 했습니다.

그러나 거기에 끌려온 163명의 기독교인들은 절을 하기는커녕 고개도 숙이지 않고 우상 앞을 걸어 지나가 날카로운 칼을 휘두르는 군인 앞에서 목이 땅에 떨어져 구르며 순교하는 것을 나는 보았습니다.

절만 한 번 하면 사는데, 163명의 기독교인들은 모두 신앙을 지키기 위해 순교의 길을 택한 것입니다.

나의 아버지도 그 중 한 사람이었습니다. 비록 나는 어렸지만 그 사건은 내가 인생을 어떻게 살아야 할 것인지를 분명히 가르쳐 주었습니다."

예화와 관련된 말씀

누구든지 제 목숨을 구원코자 하면 잃을 것이요 누구든지 나를 위하여 제 목숨을 잃으면 찾으리라(마 16:25, 눅 9:24).

25 | 먼저 내가 죽어야(목사가 먼저 죽어야)

초대 교회사에 빈민구제와 사랑을 실천하여 많은 이들에게 존경을 받았던 경건한 식스투스라는 감독이 있었다. 그는 당시의 발레리아누스 황제에 의해서 순교의 길을 걸어갔다. 그 교회의 수석 집사인 라우렌티우스가 눈물을 흘리며 따라가면서 말했다.

"아버지여, 어찌하여 저를 데려가지 않습니까?"

그러자 식스투스 감독이 대답했다. "사랑하는 아들아, 너도 며칠 후면 나의 뒤를 따르게 되리라."

며칠 후, 로마 시장은 라우렌티우스에게 교회의 전 재산을 국가에 상납하도록 명령했다. 그는 재산을 정리하는 기간이 필요하다는 구실을 내세워 상납 일을 며칠 미루고는 교회의 전 재산을 다 팔아서 교회에 의존하여 살고 있는 수천의 지극히 작은 자들에게 나누어 주었다. 그리고 교회당에 그 사람들을 다 모집하였다.

드디어 약속한 날, 시장이 교회당에 올라오면서 보물을 요구하자 그는 예배당 문을 활짝 열었다. 그곳에는 수백 명의 소경, 벙어리, 걸인, 병자, 고아, 과부들이 가득 모여 있었다. 그 무리들을 가리키며 "교회의 보물이 여기에 있습니다."라고 말했다.

결국, 식스투스의 위대한 신앙을 본받은 라우렌티우스 집사는 로마 황제 앞에서 숯불로 달구어지는 수난 끝에 순교의 제물로 죽어갔다.

"순교의 목자가 있는 곳에 순교의 양이 있다."

날마다 자기를 쳐서 죽이는 목사가 있는 곳에 날마다 자기를 쳐서 죽이는 성도가 있는 것이다.

목사가 먼저 죽지 않고는 하나님의 교회가 세워질 수 없고, 하나님의 교회가 먼저 죽지 않고는 이 땅에 하나님의 나라가 세워질 수 없다. 죽음은 끔찍하다. 그러나 순교는 고귀한 죽음이다. 순교자에 대한 성경의 보증과 약속 또한 아름답다.

 예화와 관련된 말씀

우리가 살아도 주를 위하여 살고 죽어도 주를 위하여 죽나니 그러므로 사나 죽으나 우리가 주의 것이로다(롬 14:8).

03
이를 위하여

이르시되 우리가 다른 가까운 마을들로 가자 거기서도 전도
하리니 내가 이를 위하여 왔노라 하시고(막 1:38).

01 | 죽음 앞에서도 변치 않는 믿음

미국 독립전쟁 무렵인 1776년에 22세의 젊은 나이로 교수형을 받은 네이턴 헤일은 영국군의 기밀을 훔치다가 들켜서 죽은 미국군 사병이었다. 죽기 전에 마지막으로 말할 수 있는 기회가 주어졌을 때 헤일은 이렇게 말했다.

"독립할 조국을 위해 내가 바칠 수 있는 목숨이 하나밖에 없는 것이 유감일 뿐이다."

한편 1960년에 소련 상공에서 첩보비행을 하다가 체포된 프랜시스 파워즈는 소련 정보요원들의 신문을 당하면서 이렇게 말했다.

"나도 이런 짓을 하고 싶어서 한 것이 아니다. 미국 CIA가 강제로 시켜서 했을 뿐이다. 나는 시키는 대로 했던 죄밖에는 없다."

그는 2년 후에 미국에서 잡힌 소련 간첩과 교환되어 살아 돌아왔다고 한다. 헤일은 비록 죽었지만 미국인들의 가슴 속에 오래 남는 인물이 되었고, 파워즈는 살아 돌아왔으나 환영받지 못한 사람이 되었다.

세상에서 고통 받고 핍박을 받을 때에 하나님을 저버리지 않는 자세야말로 '순교'일 것이다. 하나님의 말씀에 대한 확신이 순교를 가능하게 하는 것이다.

어떤 상황에서라도 하나님의 말씀만을 신뢰하면서 확신 있게 행동하는 자에게는 극복하지 못할 난관이 없을 것이다. 하나님께서는 능히 피할 길을 허락하신다.

 예화와 관련된 말씀

저희가 나를 세상에서 거의 멸하였으나 나는 주의 법도를 버리지 아니하였사오니(시 119:87).

02 | 이그나티우스

주후 2세기 초에 이그나티우스라는 순교자가 있었다. 그는 수리아에 있는 안디옥 교회를 담임하고 있었다. 믿음이 돈독한 분이었다. 인품도 훌륭했다. 그래서 성도들뿐만 아니라, 믿지 않는 이들에게도 많은 존경을 받았다.

로마 황제의 핍박이 심하여지자 그는 앞장서서 성도들의 신앙을 독려했다. 결국 붙잡혀 원형 경기장에서 사자들의 먹이로 던져지는 사형을 선고받았다. 그는 걱정하는 성도들에게 말했다.

"나는 너무나도 기쁩니다. 내가 이제야 예수 그리스도의 참 제자가 되기 때문입니다."

로마에 있는 성도들은 몹시 안타까워하며 이그나티우스를 위한 구명운동을 벌이기로 했다. 이그나티우스는 로마로 끌려가던 중에 이 소식을 듣게 되었다. 그는 즉시 로마 교회 성도들에게 편지를 썼다.

"사랑하는 형제들이여! 이 편지를 받는 대로 구명 운동을 중단하여 주시기 바랍니다. 제게 있는 최선의 것을 마지막으로 하나님께 드리기를 원합니다. 제 마음속에 있는 이 뜨거운 순교의 열정을 부디 꺾지 말아 주시기 바랍니다. 오히려 제가 이 일을 잘 감당할 수 있도록 저를 위해서 기도해 주시기 바랍니다."

결국 그는 자기가 바라던 대로 자기에게 있는 최선의 것, 곧 자신의 목숨을 하나님께 아낌없이 바쳤다. 그는 믿음을 따라 순교함으로써 자신의 삶을 아름답게 마감한 것이다.

 예화와 관련된 말씀

예수께서 이르시되 나는 부활이요 생명이니 나를 믿는 자는 죽어도 살겠고(요 11:25).

03 | 전도의 방법

　미국의 어느 호숫가에 잭 밀러라는 농부가 있었는데, 전도를 하고 싶었으나 워낙 말이 서툴고 무학무식해서 엄두를 내지 못했다. 그래서 그는 늘 '어떻게 하면 전도할 수 있을까?' 하며 여러 가지 방법을 생각했다. 그러다가 좋은 방법 한 가지를 떠올렸다.

　그가 사는 시골에는 1년에 두 번 정도 야생 거위가 날아왔는데, 그는 이것을 그물로 잡아서 다리에 성경 구절을 적은 쪽지를 매어 주었다.

　1년 동안 그가 쪽지를 달아 준 거위 200마리는 겨울이면 남아메리카까지 날아갔고, 여름이면 북방 에스키모인이 사는 곳까지 날아갔다.

　하나님께서 밀러의 이 행위를 축복하시고 그가 하는 일을 인도하셨다.

　그가 사는 곳으로 부터 200마일이나 떨어진 곳에서 거위가 지니고 간 성경구절이 적힌 쪽지를 읽고 어떤 사람은 신앙의 길을 힘차게 가게 되었고, 또 어떤 사람은 회개하고 하나님께로 돌아왔다.

우리에게 주신 모든 것은 전도하라고 주신 도구이다. 전도할 때 하나님의 영광이 임한다. 우리에게 있는 모든 것을 사용하여 열심히 전도하자.

 예화와 관련된 말씀

너는 말씀을 전파하라 때를 얻든지 못 얻든지 항상 힘쓰라 범사에 오래 참음과 가르침으로 경책하며 경계하며 권하라(딤후 4:2).

04 | 전도는 인내다

서울 어느 교회의 새로 등록한 한 아주머니에 대한 이야기이다. 이 아주머니는 교회 근처에서 사과장사를 하고 있었다. 수많은 교인들이 다니면서 그 아주머니에게 복음을 전했지만 절대 마음을 열지 않았다.

그러던 어느 날 아주머니가 옷을 말쑥하게 차려입고 스스로 교회에 출석했다. 교인들은 아주머니가 어떻게 교회에 오게 되었느지 아주머니에게 자초지정을 물었다.

"일주일에 세 번씩 우리 가게에 들르는 한 신사분이 있었어요. 그분은 항상 못생기고 덜 싱싱한 사과를 사갔어요. 너무 미안해서 사과를 몇 개 주었더니 손사래를 치며 거절했어요. 지금 당장 먹을 것이기 때문에 좀 썩은 것도 괜찮다는 겁니다. 그 대신에 남들에게 싱싱한 사과를 팔라고 했지요. 저는 그때부터 그분에 대해 조금씩 존경심을 갖게 됐습니다. 그런데 어느 날 그분이 제게 예수님을 믿으라고 권하잖아요. 그분이 믿는 하나님이라면 믿어도 손해 볼 것 없겠다 싶어서 두 말 없이 따라 나섰지요."

전도는 인내이다. 전도는 희생이다. 전도는 명사가 아니라 동사이다. 마음을 감동시켜야 열매가 맺힌다. 희생과 실천을 통해 전도하자.

 예화와 관련된 말씀

이르시되 우리가 다른 가까운 마을들로 가자 거기서도 전도하리니 내가 이를 위하여 왔노라 하시고(막 1:38).

예수께서 열두 제자에게 명하기를 마치시고 이에 그들의 여러 동네에서 가르치시며 전도하시려고 거기를 떠나 가시니라(마 11:1).

05 | 전도 노하우 1

"전도는 하고 싶은데 방법을 모르겠다."
"전도는 잘하는 사람만 잘되더라."

모범적 크리스천 중에서도 전도만 하려면 몸이 움츠러드는 사람이 적지 않다. 그런 한편 교회에 나온 지 얼마 안됐으면서도 무서운 기세로 전도를 하는 사람도 있다.

'전도 숙련자'가 되기를 희망하는 '전도 초보자'들을 위해 전도 전문가들이 말하는 필수지침과 노하우를 10가지로 정리했다.

① 자신이 하려고 말라

'고구마 전도왕' 김기동 집사는 "저는 내성적이라…", "성경을 잘 몰라서…", "교회 다닌지 얼마 안돼서…" 등 변명은 모두 '전도를 자신이 한다는 오해'에서 비롯된다고 말한다.

우리는 전도의 도구가 될 뿐 그 과정은 100% 하나님이 책임지신다는 것이다. 이를 깨달으면 담대하게 나설 수 있다.

② 등잔 밑에서 우는 영혼 발견하기

가까운 데서부터 전도 대상을 찾아야 한다는 것은 전도의 기본 중의 기본이다.

'평생 1명 전도법'(규장)의 저자 류익태 목사는 아는 사람부터 전도해야 하는 이유를 "전도는 만나서 복음을 전하고 끝내는 것이 아니기 때문"이라고 말한다.

노방전도도 좋지만 한 사람이 제대로 복음을 받아들일 때까지 가까이서 '멘토'가 되어주는 것이 진정한 전도라는 것이다.

 예화와 관련된 말씀

> 세 번째 이르시되 요한의 아들 시몬아 네가 나를 사랑하느냐 하시니 주께서 세 번째 네가 나를 사랑하느냐 하시므로 베드로가 근심하여 이르되 주님 모든 것을 아시오매 내가 주님을 사랑하는 줄을 주님께서 아시나이다 예수께서 이르시되 내 양을 먹이라(요 21:17).

06 | 전도 노하우 2

③ 보고 또 보고

전도에 있어 자주 대면하는 것 만한 지름길은 없다. '전도왕'이라고 불리는 사람들의 공통점은 모두 끈질기다는 것이다. 출근시간마다 집 앞에서 기다리다가 마주칠 때마다 "기도하고 있습니다."고 말했다는 '고구마 전도왕' 김기동 집사, 다른 의사보다 회진을 몇 배 더 많이 돌면서까지 환자들을 자주 보고 복음을 전한 '의사 전도왕' 이병욱 교수 등이 그 예다. 얼굴을 익힐수록 마음의 벽은 쉽게 허물어진다.

④ 칭찬으로 시작하라

"한결 젊어 보이십니다.", "이 식당 물맛이 끝내줍니다." 등 칭찬으로 대화를 열어야 한다.

김기동 집사는 "칭찬은 젓가락이 쉽게 들어갈 수 있도록 마음 문을 말랑말랑하게 만든다."는 지론을 갖고 있다.

물론 마음속으로는 흉을 보면서 겉으로만 칭찬하라는 뜻은 아니다.

칭찬거리를 찾다보면 결국 그 사람을 인간적으로 이해하게 되고 그럴 때 진심으로 전도하려는 열의도 생긴다.

⑤ 겸손은 유일한 밑천

"전도한다는 사람이 뭐 그렇게 거만해? 매일 자기 잘사는 얘기만 하고…" 전도를 하다보면 비난을 듣기가 다반사이지만 성경에서 이미 복음 전도의 길이 고난임을 배운 이상 새삼스러울 것도 없다. '아줌마 전도왕' 김인아 전도사에 따르면 교만한 상대에게는 자세를 더 낮추는 것만이 방법이다. 한 번은 아이 때문에 교회 갈 시간이 없다는 사람을 위해 "아이를 봐 주겠다."고 나섰다가 돈 받고 부리는 보모보다도 못한 취급을 받았지만 김 전도사는 신경 쓰지 않았다. '그 일로 그 마음에 복음이 들어가면 된다.'는 것이다. 이런 모습이 결국 철옹성 같은 마음 문을 연다는 것을 기억하자.

 예화와 관련된 말씀

> 예수께서 열두 제자에게 명하기를 마치시고 이에 그들의 여러 동네에서 가르치시며 전도하시려고 거기를 떠나 가시니라(마 11:1).

07 | 전도 노하우 3

⑥ 성격과 기질을 알자

막무가내 식 돌진이 예상 외의 결과를 내기도 하지만 상대를 알고 접근하는 것이 한결 효과적인 것만은 사실이다.

수많은 전도 경험을 통해 "사람들이 일단 예수를 믿을 때는 자신의 성격이나 기질대로 믿는 경우가 많다"는 점을 파악한 김인아 전도사는 '뜨겁게 믿을 사람'을 위해서는 통성으로 기도해주는 등 열정적인 모습을 보이고 꼼꼼하고 합리적인 사람에게는 사실적으로 접근하는 등 전략을 세운다.

⑦ 교회와 상호 협력하라

전도자의 사명은 대상자를 좋은 교회에 자리 잡도록 도와주는 것도 포함한다. 전도에 있어 교회의 역할이 50%는 되는 셈이다. 류익태 목사는 "전도자는 교회의 물결을 타야 힘이 난다"고 강조한다. 전도하는 교회 전체에서 성령이 느껴져야 전도자의 활동도 활발해지고 찾아오는 사람들의 변화도 빠르다는 것이다.

⑧ 전도자가 곧 크리스천의 거울

크리스천이 모두 '성인'(聖人)이 될 수는 없지만 전도자들은 상대방의 눈에 크리스천을 대표하는 사람으로 비친다는 것을 명심해야 한다.

전도하는 사람이 푸념을 늘어놓거나 다른 이의 흉만 본다면 복음이 전해질리가 없다.

시작부터 "예수 믿으니 너무 좋습니다."를 강조하라는 김기동 집사의 말처럼 자신의 긍정적인 가치관과 삶을 먼저 제시하는 것이 중요하다.

 예화와 관련된 말씀

세 번째 이르시되 요한의 아들 시몬아 네가 나를 사랑하느냐 하시니 주께서 세 번째 네가 나를 사랑하느냐 하시므로 베드로가 근심하여 이르되 주님 모든 것을 아시오매 내가 주님을 사랑하는 줄을 주님께서 아시나이다 예수께서 이르시되 내 양을 먹이라(요 21:17).

08 | 전도 노하우 4

⑨ 내가 먼저 성령을 체험해야

광진교회 민경설 목사는 "전도에 가장 중요한 것은 전도자가 진정으로 성령을 체험한 후 그 기쁨을 전하지 않고는 못 배기겠다는 열정을 갖는 것"이라고 말한다.

전도를 왜 하는지 모르고 신앙에도 확신이 없는 사람이 전도에 나서면 '소경이 소경을 인도하는 꼴' 일 뿐이다.

전도에 있어 어떤 노하우보다 중요한 것은 그 사람이 복음을 통해 거듭난 모습을 보이는 것이다.

그때는 삶 자체가 전도가 된다. 이 때문에 전도자는 무엇보다도 자신이 '성령이 담긴 그릇' 이 되도록 기도와 말씀 읽기를 게을리 하지 말아야 한다.

⑩ 영혼을 진심으로 사랑하라

류익태 목사는 "(전도 대상자가) 천국의 생명책에 기록되게 하겠다고 결심하라"고 강조한다.

전도하려는 사람을 위해 기도하고 끊임없이 관심을 가진

다면 그 영혼이 구원 받지 못한 채 남겨지는 것을 견딜 수 없다. 그런 마음으로 전도에 나서면 중도 포기란 있을 수 없고 실패도 없다. 수없이 퇴짜를 맞아도 또 시도하게 되는 것이다.

 예화와 관련된 성경 말씀

세 번째 이르시되 요한의 아들 시몬아 네가 나를 사랑하느냐 하시니 주께서 세 번째 네가 나를 사랑하느냐 하시므로 베드로가 근심하여 이르되 주님 모든 것을 아시오매 내가 주님을 사랑하는 줄을 주님께서 아시나이다 예수께서 이르시되 내 양을 먹이라(요 21:17).

예수께서 열두 제자에게 명하기를 마치시고 이에 그들의 여러 동네에서 가르치시며 전도하시려고 거기를 떠나 가시니라(마 11:1).

09 | 호객꾼이 전도꾼으로

  월터 맥도널드는 회심 전에 시카고 유흥업소 코미디언이자 댄서였다. 그는 스테이트가의 어느 술집에서 호객 일을 하는 '닥'과 절친한 사이였다. 닥은 그 술집 인근에 위치한 '퍼시픽 가든 선교회'를 몹시 싫어했다.

  그런데 알코올 중독자였던 맥이 선교회 집회에 몰래 참석했다가 예수님을 영접했다. 이후로 그는 술을 끊고 영혼들을 사랑하는 주님의 종으로 변했다. 그 변화를 알아챈 닥은 도무지 믿기 힘들었다.

  어느 날, 맥이 선교회에서 찬양을 인도하는 동안 닥과 다른 호객꾼들은 밖에 서서 손뼉을 치며 그의 흉내를 냈다. 맥은 조롱하는 자들을 아랑곳하지 않고 메시지를 전했다.

  며칠 후, 맥은 여덟 명의 옛 친구들과 길거리에서 맞닥뜨렸다.

  그들은 양쪽에 네 명씩 줄을 지어 섰다. 맥이 그들 사이로 걸어가자, 그들은 담배에 절은 침을 맥의 옷과 구두에다 뱉었다. 싸우기 좋아하던 예전 모습과는 달리, 맥은 닥에게 차

분히 말했다.

"자네도 나처럼 예수 그리스도를 알게 되면 싸우려 하지 않을 걸세. 누가 자네에게 침을 뱉더라도 상관하지 않을 거야." 그로부터 3주가 지난 어느 날 밤, 닥은 선교회 앞자리에 모습을 나타냈다. 결단하는 시간에 닥이 머뭇거리며 말했다.

"맥, 정말 나 때문에 화나지 않았어?"

맥은 대답했다.

"주님이 내가 화나지 않게 해주신다네."

그날 밤에 닥도 예수님을 영접했다. 그리고 그는 스테이트 가에서 호객 행위를 계속했다. 그것은 사람들을 퍼시픽 가든 선교회로 불러들이는 전도 사역이었다.

 예화와 관련된 말씀

이같이 너희 빛이 사람 앞에 비치게 하여 그들로 너희 착한 행실을 보고 하늘에 계신 너희 아버지께 영광을 돌리게 하라(마 5:16).

10 | 전도지를 버리지 마세요

한 선교사가 아시아의 힌두교 나라에서 어느 크리스천 여인과 담소하고 있었다. 그런데 한 절뚝발이 거지가 와서 동냥을 했다. 선교사는 동전과 함께 그들의 언어로 된 전도지를 주었다.

"당신의 전도지를 그에게 허비하지 마세요." 그 여인은 말했다.

"그는 결코 크리스천이 될 수 없어요."

그러나 이 선교사가 놀랠 수밖에 없었던 것은 3일 후에 이 절뚝발이 거지가 선교사의 집 문 앞에 나타났다. 그는 선교사가 사는 곳을 찾아낸 것이었다. 그리고 그 곳에 오기 위해 8마일을 걸어왔다. 이번엔 돈을 요구하지 않았다. 단지 다른 전도지를 원했다.

거지는 새로운 전도지를 받은 뒤, 그 집 문 앞에 몇 시간 앉아서 그것을 공부했다. 그는 다시 와서 말하기를, "성경책이라고 하는 것에 대해 적혀 있더군요. 저도 그 책을 좀 빌려 볼 수 있을까요?" 그 결과 1달간의 교육을 받고 절뚝발이 거지는 세례를 받게 되었다.

그는 기독교 서점의 경비로 사무원으로 일하면서 틈틈이 책꽂이의 모든 책을 읽기 시작했다.

어떤 사람에게는 전도가 합당치 않은 것 같지만, 하나님께서 당신의 증거를 통해 무엇을 하실지 결코 알 수 없다. 그분은 우리가 알 수 없는 놀라운 장소와 상황 가운데 그분이 택한 사람을 가지고 계신다.

 예화와 관련된 말씀

그런즉 심는 이나 물 주는 이는 아무 것도 아니로되 오직 자라게 하시는 이는 하나님뿐이니라(고전 3:7).

11 | 전도

어떤 목사가 비행기를 탔는데 옆 좌석에 앉은 젊은이가 구면이었다.

그래서 예수 그리스도의 탄생부터 시작하여 십자가의 죽음, 부활을 전하며 전도했다. 그런데 그 청년이 전혀 무감각, 무반응이었다.

그래서 목사는 무척 실망했다.

목사는 집에 돌아오는 내내 청년의 태도가 마음에 걸렸고, 무척 서운했다.

목사는 다짐했다.

'다음에 또 만나게 될 거다. 그땐 꼭 전도하리라.'

목사가 그 청년을 생각하며 잠자리에 들려고 하는데 전화가 왔다.

"목사님 늦은 시간에 죄송합니다. 저는 목사님 옆에 앉았던 청년의 아버지입니다. 아들의 바로 뒷좌석에 앉아 있었습니다."

"그러세요? 그런데 무슨 일로 제게 전화를 하셨나요?"

"목사님께서 아들에게 하시는 말씀을 듣고 기독교에 관심이 생겨 잠을 잘 수가 없습니다. 그리스도에 대해 더 알기 원합니다."

우리가 뿌리는 전도의 씨는 언젠가는 반드시 기쁨으로 열매를 맺게 한다.

 예화와 관련된 말씀

눈물을 흘리며 씨를 뿌리는 자는 기쁨으로 거두리로다(시 126:5).

12 | 선교사들의 가방

WEC 국제선교회는 20년간의 선교 사역을 마치고 귀국한 C. T. 스터드가 1913년, 다시 20년간의 아프리카 선교를 떠나기에 앞서 설립한 단체이다.

그는 케임브리지대학을 졸업한 인기 절정의 크리켓 국가대표 선수였다.

그런데 어느 날 하나님의 일을 하기 위해 그 정상의 자리에서 내려와 중국으로 떠났다.

또다시 아프리카로 떠난 그는 끝내 아프리카에서 뼈를 묻었다. 아프리카에 머물던 20년 동안 그는 영국에 남겨둔 가족을 한 번도 만나보지 못했다.

그 당시 아프리카는 그만큼 먼 나라였다. 그가 아프리카에서 순교한 뒤, 그 부인이 남편의 뜻을 받들어 WEC 국제선교회를 오늘의 모습으로 일구어 놓은 것이다.

WEC 본부의 지하실에 내려가면 수십 개가 넘는 가방들이 바닥과 선반에 가지런히 정리된 채 놓여 있는 것을 볼 수 있다.

사역지로 떠나는 선교사들이 임기를 마친 뒤 찾아가겠노라고 남겨두고는 끝내 돌아오지 못해서 남겨진 가방들이다.

이러한 순교의 피가 있었기에 세계 곳곳에 그리스도의 복음이 전해진 것이다. 순교의 피를 기억하면서 선교에 대한 관심과 의지를 키워야겠다.

 예화와 관련된 말씀

오직 성령이 너희에게 임하시면 너희가 권능을 받고 예루살렘과 온 유대와 사마리아와 땅 끝까지 이르러 내 증인이 되리라 하시니라(행 1:8).

13 | 보리죽만 먹은 선교사

아프리카의 최전방 선교기지에서 봉사하고 있던 한 여자 선교사가 위독한 병에 걸렸다.

게다가 한 달 동안 생활비도 도착하지 않아 매일 보리죽과 깡통에 든 분유만으로 겨우 연명하고 있었다.

매일 아픈 몸과 없는 형편이 힘이 든 그는 '하나님께서 나를 너무 소홀히 생각하시는구나!' 하며 주님의 사랑을 의심하기도 했다.

그런데 30일 정도 지나자 심했던 질병이 사라져 건강이 회복됐고 생활비도 다시 도착하여 식량을 구해 정상적인 생활을 할 수 있었다.

여러 해 후 안식년으로 귀국한 이 선교사는 교회에서 당시 힘들었던 경험을 간증했다. 예배가 끝나자 친절해 보이는 한 의사가 찾아와 그 질병에 대해 자세히 물어보았다.

"선교사님의 생활비가 제때 왔더라면 선교사님은 오늘 살아서 저와 대화를 하지 못했을 뻔했습니다.

잘 모르셨겠지만 사실 그런 소화 장애 질병은 30일간 보리죽 처방을 해야 낫는 병입니다."라고 말했다.

그제야 그 선교사는 하나님께서 얼마나 놀랍게 자기를 돌봐주셨는지 깨닫게 됐다. 하나님은 항상 우리를 적절하게 돌봐주시는 분이다.

 예화와 관련된 말씀

우리가 알거니와 하나님을 사랑하는 자들에게는 모든 것이 합력하여 선을 이루느니라(롬 8:28).

14 | 사도바울은 선교사로 부적격 탈락

사도 바울이 어느 고상한(?) 교단에 선교사 지원 신청서를 냈다. 바울의 이력서에는 다음과 같이 적혀 있었다.

- 가 문 : 베냐민지파, 히브리인 중의 히브리인(빌 3:5).
- 국 적 : 로마 시민권자.
- 학 력 : 가말리엘 문화생.
- 영 력 : 3층권 하늘까지 갔다 왔음(고후 12:2).
- 능 력 : 죽은 자를 살린 적이 있음. 손수건, 앞치마로 귀신을 쫓아냄
- 실 력 : 신약성경 절반을 기록함.
- 경 력 : 최초의 선교사, 수많은 개척교회를 세움.
- 추진력 : 세 차례 세계선교 여행.
- 사 상 : 그러나 이 모든 것을 배설물로 여김.
- 목회관 : 십자가 외에는 결코 자랑할 것이없음.

이 이력서를 접수한 교단 선교부는 면밀한 실사작업에 들어갔다. 그리고 얼마 지나지 않아, 신약성경을 토대로 하여 조사된 바울의 '신상기록 조사보고서'가 선교사 심사위원회'에 올라갔다. 보고서의 내용은 아래와 같다.

- 직 업 : 천박한 천막제조업자.
- 교 파 : 오순절 성령파.
- 신 학 : 무지막지한 신비주의.
- 과거경력 : 기독교 박해자.
- 전   과 : 자주 투옥된 상습범.
- 대인관계 : 바나바, 베드로와 크게 다툼.
- 외   모 : 키 작고 볼품없는 대머리형.
- 건   강 : 안질과 가시가 있음.
- 성   향 : 예수 외에 모든 것을 배설물로 여길 만큼 현실성이 결여된 고지식한 자.
- 결   론 : 교단의 권위에 정면으로 도전할 가능성이 농후함.

 이 한 장의 보고서에 의하여 '선교사 심사위원회'는 바울에게 실격통지서를 보냈다. 바울이 현대에 살았더라면 분명 위와 같은 이유로 해서 선교사 자격 시비에 휩쓸렸을 것이고, 골치 아픈 그를 교회는 당연히 실격 처리하였을 것이다.

− (온 세상에서 끌어 모은 감동 중에서)

 예화와 관련된 말씀

> 자기 제자들을 헤롯 당원들과 함께 예수께 보내어 말하되 선생님이여 우리가 아노니 당신은 참되시고 진리로 하나님의 도를 가르치시며 아무도 꺼리는 일이 없으시니 이는 사람을 외모로 보지 아니하심이니이다(마 22:16).

15 | 순교자 아들의 세례식

나의 아버지와 엘리오트 등 다섯 명의 선교사들은 석기 시대를 살고 있는 아우카 족에게 접근했다.

맨 처음 정글로부터 나온 아우카 족의 한 남자와 두 여자에게 우정의 표시로 아우카산 레몬에이드와 햄버거를 주었다. 그때, 다른 아우카인들이 분노하며 강가로 나와 창을 들고 아버지를 비롯한 선교사들을 모두 죽였다.

그 당시에 나는 다섯 살이었고, 아버지에게 무슨 일이 일어났는지 몰랐다. 아버지가 안 계심으로 쓸쓸한 어린 시절을 보냈던 나는 믿음에 회의를 가졌으나, 성장하면서 그리스도의 생명이 얼마나 소중한지를 알게 되었고, 아버지의 순교가 의미하는 바를 깨달아 갔다.

아버지가 돌아가시고 10년이 흐른 뒤, 아버지가 묻힌 팜비치 강가를 찾았다. 그때 아버지를 비롯한 선교사들을 죽인 아우카 족 사람 중에서 두 명을 만났다.

선교사들이 죽은 후에 라헬 아주머니와 엘리오트 선교사의 부인이 그 부족에게 끝까지 그리스도의 사랑을 전했고,

많은 사람들이 그리스도에게 자신의 생명을 드리겠다고 헌신했다.

나의 누나는 아버지를 죽인 그 아우카인들이 이제 크리스천 지도자가 되었으니 그들에게 내가 세례를 받는 것이 좋겠다고 말했다.

나는 그 중요한 사건에 응하는 것이 주님께 순종하는 길이라고 생각했다. 나는 아버지가 죽은 강물에서, 그리스도와 함께 장사되는, 나의 옛 사람이 다 죽어 버림을 뜻하는 세례를 받았다.

그것도 아버지를 죽인 아우카인들의 손을 통해…. 강물에서 올라왔을 때, 나는 아우카인에 대한 사랑과 연민으로 함께 울며 예배를 드렸다.

 예화와 관련된 말씀

> 시험을 참는 자는 복이 있나니 이는 시련을 견디어 낸 자가 주께서 자기를 사랑하는 자들에게 약속하신 생명의 면류관을 얻을 것이기 때문이라(약 1:12).

16 | 무함마드 산을 옮기다

  이슬람교를 창시한 무함마드에게 얽힌 전설이다. 무함마드는 자신의 종교적 가르침을 다양한 형태로 널리 펴나가는 과정에서 모든 새로운 사상과 종교의 출발이 그렇듯이 무함마드 역시 많은 반대 세력을 만났다.

  어느 날 그의 반대 세력들이 무함마드에게 "당신이 저 산을 옮긴다면 우리가 당신을 신의 예언자로 확실히 믿겠소."라고 하였다. 무함마드는 이에 대하여 "좋습니다. 정 그렇다면 앞으로 10일 후 여러분들이 보는 앞에서 저 산을 이리로 옮겨 놓도록 하겠으니 모두들 모이라고 해주오."라고 하였다. 마침내 그날이 되어 사람들이 막막한 아라비아 광야 들판에 구름같이 모였다. 저 멀리 우뚝 솟은 우람한 산이 아스라이 보였다. 그리고 무함마드가 나타났다. 무함마드는 조용히 입을 열어 말하였다.

  "나의 형제들이여 이제 내가 저 산을 명하여 이 앞으로 오게 하겠소."라고 하였다. 모두들 숨을 죽였다. 무함마드는 산을 향하여 서서 "산이여 오라"고 명하였다. 산은 꿈쩍도 않았다. 무함마드는 다시 소리를 높여 "산이여 오라"고 하였으나 산은 여전히 요지부동이다. 모두들 수군수군 하였다. 무함마드는 더 큰 소리로 "산이여 오라"고 하였으나 산은 오지 않았다.

이때 무함마드는 사람들을 향하여 돌아서서 "여러분 저 산이 내가 명하였는데도 오지 않는 않는구려" 말하고는 혼자 "네가 아니 온다면 내가 가야지!" 나직하게 중얼거리듯 말하고 아스란히 보이는 산을 향하여 묵묵히 광야 한 가운데로 걸어갔다.

무함마드에 얽힌 이 아라비아 전설이 의미하는 것은 무엇일까? 사람들의 마음은 저 산처럼 변하지 않는다. 그러므로 무함마드는 네가 변하지 않으니 내가 변하여야겠다는 것이고 네가 내게로 오지 않으니 내가 네게로 가겠다는 것을 상징화 하여 보여준 사건이다. 내가 변해야 한다. 내가 사람들에게 찾아가야 한다.

 예화와 관련된 말씀

> 비유하건대 아이들이 장터에 앉아 서로 불러 이르되 우리가 너희를 향하여 피리를 불어도 너희가 춤추지 않고 우리가 곡하여도 너희가 울지 아니하였다 함과 같도다(눅 7:32).

17 | 선교사 지망생

　매우 추운 날 새벽 3시, 선교사 지망자가 면접시험을 치루기 위해 선교국에 찾아왔으나 미리 약속이 되었던 시험관은 아침 8시에야 어슬렁 어슬렁 나타났다. 한마디 사과도 없이 시험관은 "자! 시작해 볼까요?"라고 하고서는 "학교(school)라는 단어의 철자를 말해보시오." 했다. 지망생은 그 초등학생들의 문제 같은 것에 답변했다.

　시험관은 "좋소, 그러면 숫자에 대해서 물어봅시다. 2의 두 배는 얼마요?", "네, 4지요"

　시험관이 자리를 툭툭 털고 일어나며 지망생에게 말했다.

　"참 좋습니다. 잘하셨습니다. 당신은 합격되었습니다. 당신은 선교위원회의 시험에 합격했으므로 내일 아침 선교사로 임명할 것을 건의하겠습니다."

　다음 날 아침 시험관은 선교위원회에서 그를 극구 칭찬하며 그가 자격이 충분함을 설명했다.

　"첫째, 극기시험에 합격이다. 추운 날 새벽 3시에 오라고 했는데 아무런 불평이 없었다. 둘째, 그는 시간을 엄수했다.

그는 신뢰와 약속의 시험에 합격이다. 셋째, 다섯 시간을 기다리는 인내의 시험에 합격했다. 넷째, 어린이 시험문제로 시험을 보는데도 기분 나쁜 표정 한 번 짓지 않아 겸손의 시험에도 합격했다. 우리가 요구하는 선교사로서의 자격요건을 다 갖추었으므로 기꺼이 선교사로 보낼 것을 추천한다."

이 세상은 크리스천들의 시험장이다. 언제 어떤 문제로 시험을 치루게 될지 모른다. 남을 이롭게 하는 시험, 인내의 시험, 겸손의 시험, 신뢰의 시험, 사랑의 실천시험… 우리가 제대로 쓰임받기 위해선 부지불식간에 치뤄지는 이런 주님의 시험에 합격해야 한다.

당신은 어떤가? 이 선교사 지망생과 같은 느닷없는 상황 속에 처해 졌을 때 당신의 반응은 어떠한가?

우리의 인격과 됨됨이는 이와 같은 데에서 평가되어진다. 그리고 그 그릇에 따라 하나님께로부터 쓰임 받게 된다.

 예화와 관련된 말씀

> 우리가 다 하나님의 아들을 믿는 것과 아는 일에 하나가 되어 온전한 사람을 이루어 그리스도의 장성한 분량이 충만한 데까지 이르리니(엡 4:13).

18 | 단기선교팀원 꼴불견형 15가지

지난 12년 동안 선교지에서 단기선교팀을 받아 보고 미국에서 단기선교팀들과 함께 경험을 통해 얻은 15가지 형을 살펴보면 이렇다.

1. 관광객형
2. 사진작가형
3. 문화우월주의형
4. 잠꾸러기형
5. 기회주의형
6. 현식형 : 고추장, 된장이 들어간 음식이 있는 날은 남보다 많이 먹으나 다른 때는 남보다 적에 먹는 사람
7. 독식가형 : 입맛에 맞는 음식이 나오면 다른 사람 생각 않고 혼자 해치우는 사람
8. 안하무인형 : 모든 사람을 낮추어 부름
9. 자선가형 : 마음대로 현지인에게 물건을 주는 사람
10. 패션모델형 : 선교지에서 매일 옷 갈아입고 액세서리로 치장하는 사람
11. 선교학자형 : 선교사보다 더 그 나라를 잘 아는 것처럼 행동하는 사람

12. 공주병 또는 왕자병 : 차량의 가장 편한 자리를 독차지
13. 순교자형 : 현지 선교사가 만류하는 일만 하는 사람
14. 엄살형 : 어렵고 힘들 때만 몸이 아픈 사람
15. 결벽증 환자형 : 현지인과 악수도 안하고 새벽에라도 꼭 씻고 자야 하는 사람

방학이나 휴가철을 이용하여 선교지를 탐방하고 짧은 기간이지만 현지에서 봉사함으로 선교에 대한 새로운 비전을 가지게 되는 단기선교는 참으로 소중한 경험이 될 수 있다.

그러나 단기선교를 희망하는 청년들 중의 일부는 선교에 대한 관심뿐 아니라 외국 여행에 대한 호기심으로 인해 정작 가져야할 단기선교사의 본분을 망각하는 경우가 있는 것 같다. 위에 제시한 단기선교팀원 꼴불견형 15가지가 바로 그 실례이다. 짧은 기간이지만 단기선교자의 본분을 잊지 말고 자신을 잊을 때, 선교의 참 맛을 맛보게 될 것이다.

 예화와 관련된 말씀

너희 전대에 금이나 은이나 동이나 가지지 말고 여행을 위하여 주머니나 두 벌 옷이나 신이나 지팡이를 가지지 말라 이는 일군이 저 먹을 것 받는 것이 마땅함이니라(마 10:9,10).

19 | 복음의 씨앗이 놀라운 결실을 맺어

초등학교에 다니는 외아들을 둔 한 아버지가 있었다. 회사에서 일하던 아버지는 어느 날 아내로부터 전화 한 통을 받았다.

"여보, 학교에서 귀가하던 우리 아이가 교통사고로 그만…"

아버지가 급히 병원으로 달려갔을 때 아들의 몸은 이미 차갑게 굳어 있었다. 아버지는 아들을 땅에 묻고 돌아와 아들의 방에 있는 물건들을 챙기기 시작했다. 그때 아버지는 책상 위에 놓인 일기장에 다음과 같은 글이 적힌 것을 보고 통한의 눈물을 쏟았다.

"하나님, 제 아빠가 예수님을 믿게 해주세요. 아빠가 예수님을 믿을 수만 있다면 제 생명을 드려도 좋아요."

그는 즉시 아들이 다니던 교회로 달려가 하나님을 영접했다. 그리고 지금은 전 세계를 다니며 젊은이들에게 복음을 전하고 있다.

이것은 국제대학생선교회 부총재 스티븐 더글라스의 한

친구에 대한 이야기다. 한 어린이가 뿌려놓은 복음의 씨앗이 놀라운 결실을 맺은 것이다.

복음전도의 열매는 '믿음'과 '기도'와 '사랑의 헌신'의 터 위에 결실되어지는 열매라 할 것이다. 모세는 그의 백성을 위해 자신의 이름이 생명책에서 제하여지는 것을 불사하며 하나님께 간구하였으며, 바울 역시 자신의 동족인 이스라엘의 구원을 자신이 저주받아 그리스도와 끊어지기보다 더 소원하였다.

복음전도는 친구를 위해 자기의 목숨을 버리는 사랑에서 결실되어지는 것이다. 구원은 그리스도의 피와 그리스도의 남은 고난에 참여하는 성도의 수고와 땀의 결실인 것이다.

 예화와 관련된 말씀

내가 진실로 진실로 너희에게 이르노니 한 알의 밀이 땅에 떨어져 죽지 아니하면 한 알 그대로 있고 죽으면 많은 열매를 맺느니라(요 12:24).

20 | 세상을 바꾼 선교지 이야기

　미국의 명문대학을 졸업한 다섯 명의 젊은이가 있었다. 이들 가운데 '피트'라는 청년은 신혼여행도 포기하고 에콰도르 선교에 나섰다.

　5명의 선교사는 아내들을 후방에 남겨둔 채 경비행기를 타고 기독교인이 단 한 명도 없는 아우카 인디언 마을로 들어가게 되었다.

　1965년 1월 2일 피트 선교사는 아내에게 긴급 무전을 보냈다.

　"흥분한 인디언들이 몰려오고 있다. 기도해 달라." 그 뒤 연락이 끊어졌고, 이튿날 구조대원과 가족들이 현장에 도착했을 때, 5명의 선교사들은 싸늘한 시체로 변해 있었다.

　그들에게는 자신들을 보호할 수 있는 총과 무기를 가지고 있었지만, 그것을 사용한 흔적은 보이지 않았고, 5명 모두가 인디언들에 의해 순교를 당해 있었다. 20대의 선교사 부인들은 울부짖으며, 한 가지 결심을 하였다.

　"남편들이 이루지 못한 과업을 우리가 이루자."

아내들은 모두 아우카 마을로 들어가 그 곳에 살면서 복음을 전하였고, 그 후 40여 년이 지난 지금 그 마을은 복음의 땅으로 변하였다.

선교사들을 살해했던 5명의 인디언 가운데 4명은 목사가 되었고, 1천여 명의 주민들은 모두 주님을 영접하였다.

예화와 관련된 말씀

내가 진실로 진실로 너희에게 이르노니 한 알의 밀이 땅에 떨어져 죽지 아니하면 한 알 그대로 있고 죽으면 많은 열매를 맺느니라(요 12:24).

21 | 어떤 전도

무디 목사는 미국의 세계적인 부흥사였다. 그는 전도 또한 열렬히 하였다. 어느 날 무디가 버스를 기다리고 있는데 옆에 젊은 신사가 서 있어서 가까이 갔다.

"선생님, 예수를 믿으세요."

"그건 내 문제요. 내가 예수를 믿건 안 믿건 당신하고는 관계가 없으니 상관 마시오."

"선생님이 예수를 안 믿는 것 같으니 상관해야겠습니다."

"나는 믿기 싫어요."

"큰일날 말씀이오. 안 믿으면 지옥 갑니다."

"그건 내 일이니 더 이상 말하지 마시오."

"예수를 믿으셔야 합니다."

"내가 싫다는데 믿으라니 딱한 일이네요. 선생은 그렇게 할 일이 없소?"

"이게 내 할 일입니다."

"그게 할 일이라니 지독하게 할 일이 없는가 보오. 이러지 말고 당신 직업에나 충실하시오."

"이게 내 직업이외다."
"세상에 참 별난 직업도 다 있네."
"예수 믿으세요. 정말 좋습니다."
"……"

무디는 전도를 시작하면 결판이 나기까지 끈질기게 하였다.

 예화와 관련된 말씀

너는 말씀을 전파하라 때를 얻든지 못 얻든지 항상 힘쓰라(딤후 4:2).

세 번째 이르시되 요한의 아들 시몬아 네가 나를 사랑하느냐 하시니 주께서 세 번째 네가 나를 사랑하느냐 하시므로 베드로가 근심하여 이르되 주님 모든 것을 아시오매 내가 주님을 사랑하는 줄을 주님께서 아시나이다 예수께서 이르시되 내 양을 먹이라(요 21:17).

22 | 개척 정신의 위상

1620년 9월이었다. 변질된 영국 국교의 탄압을 피해서 순수한 신앙을 지키며 하나님의 말씀대로 좀 더 잘 믿어 보기를 원하는 102명의 청교도들이 '메이 플라워'를 타고서 대서양을 건넜다.

약 두 달 동안의 모진 항해를 한 뒤에 1620년 11월 21일 저들은 드디어 신대륙에 발을 디디게 되었다. 그러나 혹심한 추위가 그 해 겨울에 있었다. 결국 추위와 배고픔과 질병을 이기지 못하고 44명이 그 해 겨울에 세상을 떠나고 말았다. 모두에게 힘든 상황이었지만 저들은 결코 낙심하지 않았다. 저들은 결심했다.

"우리 뒤에 오는 이들은 우리처럼 외롭지 않게, 우리처럼 배고프지 않게 우리가 이를 악물고 이 땅을 개척하리라. 우리가 울며 씨를 뿌릴 때, 저들은 반드시 기쁨으로 단을 거두게 되리라!"

그 뒤 저들의 신앙과 개척 정신에 의해서 미국은 지금처럼 세계 제일의 강대국이 될 수 있었다. 미국의 후손들은 그들의 조상들에게 깊이 감사드리지 않을 수 없었다. 그래서 미국인들은 비록 그들의 이름은 기억하지 못하지만 자신들에게 신앙과 불굴의 개척 정신을 심어준 102명을 영원토록 기념하기 위해서 거대한 대리석으로 뉴욕의 맨해튼에 하나의 빌딩을 세웠다. 그것이 바로 그 유명한 102층의 엠파이어스테이트 빌딩인 것이다.

일제 치하에서 우리의 조상들이 펼쳤던 '물산 장려 운동'을 기억한다. 비록 헐벗고 못 살았지만 후손을 위해서 모범을 보였던 우리 조상들의 숭고함을 아직도 기억하고 있다. 진정 우리가 후손들을 위한다면 우리는 지금이라도 허리띠를 졸라매고 울며 씨를 뿌려야 하리라!

특히 하나님의 복음을 듣지 못해서 방자하게 삶을 살아가고 있는 사랑하는 영혼들에게도 복음의 씨를 뿌려야 하리라.

 예화와 관련된 말씀

울며 씨를 뿌리러 나가는 자는 정녕 기쁨으로 그 단을 가지고 돌아오리로다(시 126:6).

23 | 예수는 별로 중요한 분이 아니야

어떤 노인이 죽음 이후의 세계를 생각하다가 두려움을 느끼게 되었다. 그는 어느 날 길을 가다가 전도지를 나눠주며 "예수를 믿으세요. 그러면 구원을 얻습니다."라고 말하는 전도자의 말을 들었다. 그 길로 노인은 근처의 교회로 달려갔다.

마침 그 교회에서는 장례식이 거행되고 있었다. 노인은 그곳에서 한 젊은이를 붙잡고 물었다.

"젊은이, 예수님은 어떤 분이신가요?"

그러자 젊은이는 "할아버지, 지금은 그런 말 할 때가 아닙니다. 전 지금 죽은 이로 인해 너무 가슴이 아픕니다."라며 거들떠 보지를 않았다. 노인은 허탈한 발걸음으로 교회 밖을 나왔다.

삶에 대해 고민에 빠진 노인에게 이번에는 옆집에 사는 아주머니가 와서 교회에서 경로잔치를 하니 가자고 해서 얼른 따라 나섰다. 맛있는 음식, 어린아이들의 재롱이 있었다. 노인은 음식을 나르는 여 집사에게 또 물었다.

"예수는 어떤 분이요?"

그러자 여 집사는 "할아버지, 지금은 바빠요. 나중에 말씀드릴테니 지금은 음식이나 많이 드세요."라고 대답했다.

노인은 지난번처럼 허탈한 심정으로 집으로 돌아오면서 생각했다.

'예수는 별로 중요한 사람이 아닌가 보구먼. 그 전도자를 만나면 예수에 대해 다시 생각해 보라고 충고해야겠어.'

 예화와 관련된 말씀

바울이 그 환상을 보았을 때 우리가 곧 마게도냐로 떠나기를 힘쓰니 이는 하나님이 저 사람들에게 복음을 전하라고 우리를 부르신 줄로 인정함이러라(행 16:10).

24 | 빌 보든의 선교

'빌 보든'은 예일대학의 역사 이래 가장 우수한 학생으로서 모든 이들에게 동경의 대상이었다. 그는 부유했고, 인물이 좋았으며, 축구와 조정, 야구, 레슬링, 달리기 등 모든 운동에 뛰어나 스타로 불렸다. 뿐만 아니라 교우관계도 원만해 큰 인기를 누렸다.

그러나 그는 사람들의 인기에 연연하지 않고 오직 그리스도에 대한 충성심으로 살았다.

그의 고장 뉴 헤이븐 중심가에 선교센터를 건립하고 날마다 복음을 전파하는 데 힘썼다. 그리고 거리에서 방황하는 부랑아와 술주정뱅이들을 선교관으로 데려왔다.

대학 재학 시절에 그는 이미 백만 달러가 넘는 거액을 상속받았지만, 그 돈으로 모슬렘 국가에 선교사로 가는 것을 꿈꾸었고, 마침내 그 꿈을 이루게 되었다.

이때 그의 친구들이 모슬렘 국가에 가면 즉시 죽임을 당하게 된다고 만류했지만 그는 단호하게 말했다.

"이교도들이 그리스도를 모르고 비참하게 죽어 가는데 어찌 가지 않을 수 있는가?"

또 가기 전에 결혼은 해야 하지 않겠느냐고 권하자 그곳은 아내를 데리고 갈 곳이 못된다고 거절했다. 그는 자기의 모든 재산을 주를 위해 사용해 달라는 유언을 하고, 1912년 이 집트로 건너갔다.

거기서 아랍어를 배운 후에 헌신적인 선교를 하다가 꼭 1년 만에 뇌막염으로 세상을 떠났다. 카쉬미르에서 그의 선교활동을 지켜본 친구는 이렇게 말했다.

"그는 몸과 마음과 모든 소유를 오직 주만 위해 완전히 바쳤다."

 예화와 관련된 말씀

주의 권능에 날에 주의 백성이 거룩한 옷을 입고 즐거이 헌신하니 새벽이슬 같은 주의 청년들이 주께 나오는도다(시 110:3).

25 | 십대 순교자들

1885년 초에 세 명의 그리스도인 소녀들이 우간다에서 그리스도를 위하여 피를 흘렸다. 왕은 기독교를 짓밟아 버릴 목적으로 이 사환 소년들을 체포할 것을 명령했다.

가장 나이 많은 소년이 15세, 가장 어린 소년이 11세인 유수푸였다. 사람들이 울고 부모들이 눈물로 간청해도 그들은 생명을 내걸고 믿음을 고수함으로써 화형 틀에 달리게 되었다. 화형을 집행하는 장소에서 그들은 왕에게 다음과 같은 메시지를 보냈다.

'주님의 위엄을 왕에게 말해 주시오. 그가 우리 몸을 불 가운데 넣었지만 우리는 이 불에 오래 있지 않을 것이며, 곧 이 세상에 있는 것보다 더 나은 주님의 곁에 있게 될 것입니다. 그리고 왕에게 회개하고 마음을 바꾸라고 전하십시오. 그렇지 않으면 영원한 불 못과 멸망으로 빠지게 될 것입니다.' 그들이 그때에 노래를 불렀는데 지금 우간다에서는 순교의 노래로 잘 알려져 애송하고 있는 노래이다. 그 한 구절을 보면 '아! 내게도 천사들처럼 날개가 있었으면 날아올라

주님 곁에 있을 것'이라고 말하고 있다.

가장 어린 유수푸가 '내 손을 자르지 말아 주세요. 나는 불속에서 몸부림치지 않을 것입니다. 왜냐하면 그 불이 나를 주님께로 데려다 줄 것이기 때문입니다!'라고 말했다.

그 소년들이 죽던 날에 40명의 어른들이 예수님께로 돌아왔다. 이것은 불이나 고난이 막을 수 없는 새로운 생명이다. 이 세 소년은 우간다의 첫 그리스도인 순교자로서 캄파라 근교에 기념비가 있다. 1887년 교회 창립10주년 말에 100여 명이 죽임을 당했다.

바로 그 소년들의 죽음 때문에 결신자가 일어났던 그 마을에서 순교자들이 나왔다. 그들은 이제 막 믿기 시작한 자들이었고 신학적인 지식도 거의 없었으며 어떤 이들은 겨우 읽을 줄 아는 정도였지만 그들은 그들의 삶을 부여안기보다는 그리스도를 위하여 자신을 드릴 준비가 된 자들이었다.

 예화와 관련된 말씀

> 주를 섬겨 금식할 때에 성령이 가라사대 내가 불러 시키는 일을 위하여 바나바와 사울을 따로 세우라 하시니 이에 금식하며 기도하고 두 사람에게 안수하여 보내니라(행 13:2,3).

04
뜻을 행한 후에

너희에게 인내가 필요함은 너희가 하나님의 뜻을 행한 후에
약속하신 것을 받기 위함이라(히 10:36).

01 | 지게꾼 전도자

전염병이 창궐한 어느 날 아침 일찍 언더우드가 병원으로 가고 있는 것을 본 품팔이꾼 한 사람이 이렇게 말했다. "이런 시간에 저렇게 급히 길을 가는 저 외국 사람이 누구요?" 그러자 옆에 있는 사람이 "그것도 모르오? 우리를 매우 사랑하기 때문에 밤낮으로 병자를 돌보면서 일하는 예수쟁이 아니오."라고 대답했다.

사랑은 사람의 마음을 감동시킨다. 1895년 여름에 창궐했던 장티푸스를 선교사들이 헌신적으로 치료하는 것을 지켜본 조선인 가운데 신화순이라는 사람이 있었다.

이 사람은 선교사와 기독인들이 조선인들에게 하는 일들을 보면서 큰 감동을 받았다. 그래서 그는 기독교인이 되었고 아무에게도 알리지 않고 서울시내에서 약 16㎞ 떨어진 경기도 행주로 내려갔다. 거기서 그는 품팔이를 하면서 사람들에게 그리스도에 대한 이야기를 전했다. 사람들이 하나둘 믿기 시작했다. 어떤 사람은 예배를 드릴 수 있도록 자신의 집을 내놓았다. 거기서 아이들이 모여서 찬송을 부르기 시작했다.

  이렇게 스스로 신앙공동체가 형성되었다는 소문이 언더우드에게 전해졌다. 그리고 문답을 거쳐 세례를 받고자 하는 사람이 100명이나 된다고 하였다. 언더우드는 이들의 신앙을 격려하고 세례를 주기 위하여 행주를 방문했다.

  언더우드가 행주에 도착하였을 때 마을 입구에서 2~3㎞ 떨어진 곳까지 아이들이 마중 나와서 찬송을 부르며 언더우드 일행을 영접하였다. 얼마 전까지만 해도 예수에 대해서 전혀 들어보지 못했던 곳에서 이런 광경을 본다는 것은 놀라운 일이 아닐 수 없었다. 언더우드는 그 마을이 복음으로 변화된 것을 목격했다. 주막 주인은 굶을 각오를 하고 술을 모두 길에 버려서 가족이 굶어 죽을 지경이었다.

  또 점쟁이는 자기의 생계수단이었던 점치는 일을 그만 두었다. 마을 사람들은 자신들이 섬기던 모든 우상을 치워버렸다. 복음이 그 마을을 변화시킨 것이다.

 ## 예화와 관련된 말씀

> 오직 성령이 너희에게 임하시면 너희가 권능을 받고 예루살렘과 온 유대와 사마리아와 땅 끝까지 이르러 내 증인이 되리라 하시니라(행 1:8).

02 | 더프 선교사

알렉산더 더프 박사는 영국 스코틀랜드의 목사로서 오랫동안 인도에 가서 선교활동을 하다가 늙고 나이가 많아서 고향에 그 뼈를 묻기 위해 귀국하였다.

환영하는 식장에서 그는 인도에 선교사를 보낼 것을 제안하였다.

그러나 아무도 거기에 응하는 사람이 없었다. 그는 너무나 실망한 나머지 그 자리에서 기절해 버리고 말았다.

의사의 치료로 깨어난 후 자기가 아직 이야기가 끝나지 않았으니 단상에 다시 세워달라고 눈물로 간청했다.

그는 단상에 서서 백발이 성성한 흰머리를 숙이며 이야기했다.

"빅토리아 여왕이 지원병을 모집할 때는 수없이 많은 사람이 지원했는데 우리 주님이 선교사를 보내고자 하는데 한 사람의 지원자도 없다니 정말 섭섭한 일입니다.

나는 내 고향 스코틀랜드에 뼈를 묻으러 왔지만 다시 인도로 돌아가서 스코틀랜드의 마지막 한 사람이 저들의 영혼을 위하여 백골을 인도의 갠지스 강변에 묻으러 왔다고 말하겠습니다."고 했을 때 많은 젊은이들이 인도에 선교하러 갔다고 한다.

이 얼마나 우리의 잠자던 심령을 깨우는 이야기인가? 우리의 젊음이 선교를 위해 바쳐질 때 하나님께서는 크게 기뻐하실 것이다.

 예화와 관련된 말씀

보내심을 받지 아니하였으면 어찌 전파하리요 기록된 바 아름답도다 좋은 소식을 전하는 자들의 발이여 함과 같으니라(롬 10:15).

03 | 피지 선교사

「Solomon Island Christianity」라고 하는 책이 있다. 뉴질랜드 가까이에 솔로몬 군도(群島)가 있다. 여기 사는 원주민 피지 족속에게 선교했던 선교사가 쓴 책이다. 선교해서 그들이 예수를 믿게 되면 세례를 주는데 '킬링 스톤'이라고 하는 바위 옆에서 세례를 베풀었다.

킬링 스톤이란 사람을 처형하는 바위이다. 처형법도 여러 가지가 있지 않은가? 목을 쳐 죽이는 일도 있고, 교수하는 일도 있고, 불태워 죽이는 일도 있다.

그런데 이곳에서는 아주 특별한 방법이 행해졌다.

동네 한가운데에 큰 바위가 있는데 사람이 못된 죄를 짓게 되면 사형에 처하게 되고, 처형을 할 때에는 사람을 꽁꽁 묶어서 붙들고 머리를 그 바위에 짓이겨서 죽인다.

그래서 피가 그 바위에 흐른다. 그 피를 절대로 닦지 못하게 한다.

그대로 피가 벌겋게 흐르면 사람들이 '아! 죄 지으면 저렇게 된다' 하고 일벌백계의 무서움을 느끼게 된다는 것이다.

예수 믿게 된 자들을 늘 붉은 피가 묻어 있는 그 바위에 데려가서 세례를 주었다고 한다.

'당신은 지금 죽는 거요. 옛사람이 완전히 죽는 시간입니다.' 하는 것을 강조하고자 함이었다.

 예화와 관련된 말씀

그런즉 누구든지 그리스도 안에 있으면 새로운 피조물이라 이전 것은 지나갔으니 보라 새 것이 되었도다(고후 5:17).

04 | 2년 반만 살더라도

　영국의 성서학자인 조지 스미스* 박사는 루앵 지방을 여행하다가 기차 안에서 한 젊은 천주교 신부와 이야기를 하게 되었다. 그 신부는 아프리카 콩고 지방 전도를 위해 떠나기 전에 고향 식구들에게 작별인사를 하러 가는 도중이라고 했다. 신부가 말했다.
　"이것이 어머니와의 마지막 만남이겠지요."
　박사는 이상하다는 듯이 신부에게 물었다.
　"무슨 말씀입니까?"
　그러자 신부는 이렇게 대답했다.
　"콩고행 전도자의 평균 수명은 2년 반으로 되어 있습니다. 콩고같이 건강에 해로운 지방에 부임하면 살아 돌아온다는 것을 기약할 수가 없습니다."
　잠시 후 기차가 역에 도착했다. 신부가 객실에서 나가려고 할 때 박사는 신부에게 물었다.
　"그렇다면 그곳에 가지 않으면 되지 않습니까?"
　그러자 신부는 가슴에 손을 대고 떨리는 목소리로 대답했다.

"아닙니다. 그래도 저는 그곳에 가야합니다. 왜냐하면 제가 이렇게 살아 있는 것은 그리스도의 은혜이기 때문입니다. 그리스도의 사랑이 저를 격려하여 오늘날의 저를 만들어 주셨기 때문입니다."

— *(George A. Smith 1856~1942, 영국 성서학자, 설교가. 인도출생. 에딘버러에서 목회. 글래스고자유교회신학교 교장)

예화와 관련된 말씀

내가 그리스도와 함께 십자가에 못 박혔나니 그런즉 이제는 내가 사는 것이 아니요 오직 내 안에 그리스도께서 사시는 것이라 이제 내가 육체 가운데 사는 것은 나를 사랑하사 나를 위하여 자기 자신을 버리신 하나님의 아들을 믿는 믿음 안에서 사는 것이라(갈 2:20).

05 | 눈물의 씨

미국 메사추세츠주 살렘 태버나클 회중 교회에서 버마랑군에 아도니람 저드슨 목사 부부를 선교사로 파송 하였다.

그곳엔 크리스천이라고는 한 사람도 없었다.

그는 보스톤의 대교회 목사로 초빙하는 것도 마다하고 버마로 가서 십여 년을 수고했으나 한 사람의 영혼도 주께로 인도하지 못했다.

그러나 낙망하지 않고 버마 말을 배워 기독교 교리를 번역하였다. 어떤 날 한 사람이 찾아와 교리에 대해 묻고는 가 버렸다.

한 해가 또 지났다. 여전히 공백상태였다. 그는 성경을 번역하기 시작하였고, 그로 인해 건강이 나빠졌다. 그 후 2년이 지나 몽나우라는 사람이 주께로 나왔고 세례를 받았다.

그러나 큰 시련이 뒤따랐다. 버마 왕은 그를 투옥시켜 버렸다. 아내와 아이들이 죽어갔고, 그의 재혼한 부인마저 먼저 세상을 떠났다.

드디어 1829년 미국 선교본부에 "먼동이 터 오고 많은 무리들이 주께로 돌아오고 있다."는 보고가 왔다.

여기에 감동 받은 사무엘 프랜시스 스미쓰 박사는 "예수의 전한 복음"(264장)의 찬송을 썼다. 그는 버마 영어사전도 펴냈다.

1850년 그는 한 알의 밀알이 되어 죽어갔으나, 100년 후 그 땅에는 20만 명이 넘는 많은 알곡의 결실을 보았다.

 예화와 관련된 말씀

내가 진실로 진실로 너희에게 이르노니 한 알의 밀이 땅에 떨어져 죽지 아니하면 한 알 그대로 있고 죽으면 많은 열매를 맺느니라(요 12:24).

06 | 말더듬이의 전도

미국의 한 기독교 문서전도협회에서 문서전도를 위한 자원자들을 모집하여 훈련을 시키고 있었다.

그런데 훈련생들은 말을 알아듣기 어려울 정도로 말을 더듬는 말더듬이가 훈련을 받고 있는 것을 알았다. 대부분의 동료들은 그것을 불쾌하게 생각했다. 그러나 교육을 담당하는 한 간부가 정중히 그들에게 말하였다.

"성령 하나님께서 그 사람을 감동시켜 이곳을 보내셨다면 하나님께서 그 사람을 통해 어떻게 전도의 역사를 일으키시는지도 보아야 할 것입니다."라고 하여 계속 훈련을 받게 하였다.

그런데 몇 달이 지나 그 말더듬이는 상상 할 수 없는 많은 책을 보내달라는 연락이 계속되었다.

말도 제대로 못하는 사람이 그처럼 많은 책을 팔 것이라고는 생각도 못한 본부에서는 전도자가 사람들에게 지나치게 강요하며 책을 떠맡기는 것이 아닌가 의심했다.

결국 본부에서는 본부 요원 하나를 파송해서 그 전도자와 함께 문서전도에 나서게 했다. 그 말더듬이 전도자는 시골 길을 걸어서 한 집 한 집을 방문하여 전도 책자를 보급하고 있었다.

그런데 그는 어떤 집이든 그 집에 들어가기 전에 나무 밑이나 길가에 무릎을 꿇고 "하나님, 성령께서 먼저 저 집을 방문하여 그 사람을 감동시켜 주시옵소서. 나는 아무 것도 할 수 없습니다. 주님만 믿고 갑니다."라고 기도를 하고 전도하는 것이었다.

놀랍게도 그가 방문하는 집마다 말더듬이의 잘 알아들을 수 없는 말을 듣고도 책자를 사기로 약속하는 것을 볼 수 있었다. 이것이 바로 성령의 역사이다.

이처럼 전도는 성령의 능력으로 되는 것이다.

 예화와 관련된 말씀

이를 위하여 나도 내 속에서 능력으로 역사하시는 이의 역사를 따라 힘을 다하여 수고하노라(골 1:29).

내 말과 내 전도함이 설득력 있는 지혜의 말로 하지 아니하고 다만 성령의 나타나심과 능력으로 하여(고전 2:4).

07 | 카터 대통령의 전도

미국의 카터 대통령은 경건한 그리스도인이다. 그는 이런 간증을 했다.

"나는 대통령이 되기 전, 매년 300명 이상 전도를 했습니다. 하루에 한 명씩 거의 전도한 셈입니다.

그러다가 내가 대통령에 출마하면서 석 달 동안 유세기간에 무려 30만 명을 만났고, 30만 명과 악수를 하면서 '제가 카터입니다.' 하고 나를 알렸습니다.

그러던 어느 주일날 교회 가서 예배를 드릴 때 양심에 가책이 되었습니다. 하나님의 영광을 위해서는 일 년에 300명 정도 밖에는 전도를 안 했는데 내 이름을 알리는 데는 내가 석 달 동안에 30만 명과 악수를 하고 다녔으니 내가 과연 대통을 하나님보다 더 좋게 여기는가?

하나님보다 대통령이 더 좋은가? 스스로 묻게 되었고, 내가 대통령이 되어도 복음 전하는 것을 제가 최우선으로 그것을 고귀하게 생각하겠습니다."

이렇게 기도했다는 것이다. 그는 대통령에 당선되었다. 그는 깨끗한 양심과 믿음의 비밀을 가진 사람이었다. 그는 대통령 임기동안에 단 한 번도 주일을 범한 일이 없었으며, 그는 이렇게 간증했다.

"나는 백악관 집무실에서 지내는 시간보다는 선데이스쿨에 나가서 어린 영혼들을 하나님 말씀으로 가르치는 시간이 가장 행복했다."

교회학교 교사 봉사가 가장 보람을 느꼈다는 것이다.

 예화와 관련된 말씀

너희 생각에는 어떠하냐 만일 어떤 사람이 양 백 마리가 있는데 그 중의 하나가 길을 잃었으면 그 아흔아홉 마리를 산에 두고 가서 길 잃은 양을 찾지 않겠느냐 진실로 너희에게 이르노니 만일 찾으면 길을 잃지 아니한 아흔아홉 마리보다 이것을 더 기뻐하리라(마 18:12,13).

08 | 존 겟디의 기념비

 존 겟디라는 캐나다의 한 청년이 아직 식인 풍습이 남아 있는 무시무시한 뉴 헤브리디즈라는 섬에 그리스도의 복음을 전하기 위해 하나님께 부름을 받았다.

 존 겟디는 그 섬에 도착하여 그리스도의 복음사역을 시작하게 되었다.

 그런데 그 섬에는 사람을 잡아먹는 식인풍습이 있었다. 그러나 존 겟디는 포기하지 않고, 그들에게 다가갔고, 그리스도의 복음을 전했다.

 그의 열심은 그 식인종들의 사랑과 신뢰를 얻게 되었다. 존 겟디는 그들의 언어를 공부하고 연구하여 신약과 몇 편의 유명한 찬송가를 그들의 언어로 번역하여 그 섬 사람들에 주고 가르쳤다.

 존 겟디의 열심과 가르침으로 점차 그 섬에 살고 있던 사람들은 모두 개인적으로 그리스도를 영접하게 되었고, 그들은 그들의 식인풍습을 버리게 되었다.

 겟디가 죽자 그를 기념하기 위하여 섬 사람들은 기념비를 세웠다. 기념비에는 다음과 같은 글이 새겨져 있다.

"존 겟디가 1848년 이곳에 상륙하였을 때는 기독교인은 단 한 명도 없었다. 그러나 1972년 그가 죽을 때에는 이교도는 단 한 명도 없었다."

복음이란 위대한 것이다. 예수님의 생명의 복음은 이 세상을, 악하고 악한 우리의 마음을 변화시킨다. 우리에게도 전도할 문이 열려서 담대히 그리스도의 비밀을 전하자.

예화와 관련된 말씀

너희에게 인내가 필요함은 너희가 하나님의 뜻을 행한 후에 약속하신 것을 받기 위함이라(히 10:36).

누구든지 자기 목숨을 구원하고자 하면 잃을 것이요 누구든지 나와 복음을 위하여 자기 목숨을 잃으면 구원하리라(막 8:35).

09 | 코 없는 선교사

 한 정글 지역에 있는 기독교 학교에 아주 보기 흉한 소녀가 찾아왔다. 흉한 몰골의 그 소녀는 코가 없는 기형아였으며 저능아였다. 하지만 그 학교의 교감은 그를 환대하고 학교에서 지낼 수 있도록 했다. 학교에서 그녀가 할 수 있는 것은 노래 몇 마디를 배우는 일 외에는 아무 것도 없었다. 그것이 코 없는 소녀가 가진 유일한 소질이었다. 몇 달이 되지 않아 아이들과 학부모, 그리고 교사들의 반대로 더 이상 소녀를 가르칠 수 없었고 교감은 그 소녀를 돌려보낼 수밖에 없었다. 소녀는 슬퍼하며 다시 정글 속으로 자취를 감추었다. 그렇게 소녀는 사람들의 기억 속에서 차츰 사라졌다.

 2년 후, 한 선교회에 정글 지방의 마을로부터 복음을 전해달라는 간절한 호소의 편지가 왔다. 선교회는 그 마을의 요청을 받아들여 선교사를 파송했다.

 선교사가 그 곳에 도착했을 때 사람들은 언덕에 모여 그를 기다리고 있었고, 그가 오자 몇몇 사람들이 그를 맞이하여 주민 가운데로 인도했다. 선교사는 먼저 찬양을 하나 가르치기로 하고 간단한 합창을 하나 소개했다.

그러자 300여명의 원주민들은 "우리도 아는데요."라고 말하며 찬양을 함께 불렀다. 선교사는 너무나 놀라 다른 찬양을 불렀는데 역시 그 찬양도 그들은 알고 있었다.

"어디서 배우셨나요? 내가 알기로는 지금까지 여러분들에게 복음을 전해 준 선교사는 한 사람도 없었는데 말이에요."

선교사는 놀란 듯이 그들을 쳐다보았고, 그들은 한 사람을 손으로 가리켰다. 바로 학교에서 쫓겨난 후 모든 사람의 기억에서 사라진 그 소녀였다. 그녀는 저능아였지만 온 마을 사람들이 복음을 받아들일 수 있도록 그들에게 찬양을 가르치면서 그들을 준비시켰던 것이다.

그녀는 비록 특출한 재능은 없었으나 온 마을을 예수님께로 인도하는 귀한 능력을 가지고 있었던 것이다. 하나님은 아주 미약한 자를 사용하셔서 당신의 뜻을 이루신다.

 예화와 관련된 말씀

> 복음에는 하나님의 의가 나타나서 믿음으로 믿음에 이르게 하나니 기록된 바 오직 의인은 믿음으로 말미암아 살리라 함과 같으니라(롬 1:17).

10 | 영국의 캐리

영국의 캐리라고 하는 큰 부호가 있었다. 그에게는 죠지라고 하는 아들과 윌리엄이라고 하는 두 아들이 있었다.

이들은 어렸을 때부터 총명하고 공부를 잘하여 옥스퍼드 대학을 나왔다. 아버지는 두 아들에게 기대가 컸다.

이 두 아들이 캐리 가문에 크게 명예를 높여주는 훌륭한 두 기둥이 될 것이라고 믿었다.

아니나 다를까, 큰 아들 죠지는 국회의원이 되고, 사업 수완도 있어서 돈을 많이 벌어들였다. 그리고 많은 사람에게 존경받는 그런 사람이 되어서 아버지의 마음을 흐뭇하게 해주었다.

그런데 둘째 아들 윌리엄은 모든 것을 버리고 선교사가 되어 인도로 떠났다. 가족들을 비롯하여 모두가 그를 강력하게 만류했지만 아무도 그의 뜻을 꺾을 수 없었다.

세월이 흘러서 두 사람이 모두 죽고, 「대영백과사전 (*Encyclopedia Britannica*)」에 두 사람 이름이 모두 올라갔다.

둘째 아들 윌리엄 캐리에 대해서는 무려 한 페이지 반에 걸쳐 기록되어 있다. 그런데 그 형의 죠지에 대해서는 '윌리엄 캐리의 형'이라고 하는 말밖에 기록되지 않았다.

이들 중에 누가 더 자랑스러운가?

 예화와 관련된 말씀

> 또한 모든 것을 해로 여김은 내 주 그리스도 예수를 아는 지식이 가장 고상하기 때문이라 내가 그를 위하여 모든 것을 잃어버리고 배설물로 여김은 그리스도를 얻고 그 안에서 발견되려 함이니 내가 가진 의는 율법에서 난 것이 아니요 오직 그리스도를 믿음으로 말미암은 것이니 곧 믿음으로 하나님께로부터 난 의라(빌 3:8,9).

11 | 전도지 한 장의 열매

 어떤 나이 많은 전도사님이 기독교서점에서 많은 전도지를 주문했다.
 그러면서 점원에게 힘없이 말했다.
 "내가 오늘 전도지를 사가는 것이 어쩌면 마지막이 될지도 모르겠습니다. 나는 이제 너무 늙어서 전도지를 들고 다니며 전도를 할 만큼 기력이 남아있질 않아요. 한 가지 소원이 있다면 그동안 수도 없이 많은 전도지를 나누어 주었는데 아직까지 내가 준 전도지를 보고 예수님을 믿게 되었다는 사람을 한 사람도 못 만났어요. 혹이나 그동안 헛수고만 한 것은 아닌지…그것이 못내 아쉽습니다."
 그때, 서점의 한쪽에서 책을 고르고 있던 어떤 젊은이가 다가왔다.
 그리고는 나이 많은 전도사님을 유심히 보더니 반갑게 아는 체를 했다.
 "저..노인께서는 저를 잘 모르시겠지만 저는 노인을 잘 압니다. 10년 전 6월 25일 오후 6시 30분쯤 노인께서 안산역 앞에서 저에게 전도지를 주셨지요.

전 그 전도지를 읽고 예수님을 영접했습니다. 그리고 제 가족들도 모두 저 때문에 예수님을 믿게 되었고, 제 동생은 선교사가 되어 인도에 가 있습니다.

저는 방금 노인이 하시는 말씀을 듣고 노인을 알아 볼 수 있었습니다.

하나님께서 오늘 저를 이곳으로 보내신 것은 아마 노인이 나눠준 전도지 중 적어도 한 장을 어떻게 축복하셨는가를 알려주시려고 하셨는가 봅니다."

 예화와 관련된 말씀

그런즉 심는 이나 물주는 이는 아무 것도 아니로되 오직 자라게 하시는 이는 하나님뿐이니라 심는 이와 물주는 이는 한가지이나 각각 자기가 일한 대로 자기의 상을 받으리라(고전 3:7,8).

12 | 헨리 스탠리

 미국의 할리우드에는 지난 12년 동안 2만 여명의 배우 지망생들 중에 단 12명만이 스타가 되었다고 한다. 세상의 성공과 출세, 인기에 생명 건 사람들이 많이 있다. 그러나 땅의 스타가 아니라 우리는 하늘의 스타가 되기 위해 뛰어야 한다.(단12:1~2)

 유명한 탐험가이며 선교사로 알려진 데이비드 리빙스턴의 말년에 그가 사망했다는 소문이 나돌았다.

 리빙스턴은 당시에 전 세계적으로 명성을 날리고 있었는데, 그래서 뉴욕 헤럴드지의 편집장은 리빙스턴의 생사를 알아보기 위해 젊고 유능한 헨리 스탠리라는 기자를 아프리카에 특파했다.

 스탠리 기자는 수개월을 헤맨 끝에 1871년 탕가니카호 근처의 우지지에서 리빙스턴을 만나게 되었다. 그리고 4개월 정도 함께 지내게 됐는데, 헨리 스탠리 기자는 리빙스턴과의 생활에 대해 후일 다음과 같은 말을 했다.

 "나는 넉 달하고도 나흘 동안 그와 함께 한 오두막에서 지냈는데, 그에게서 어떠한 결점도 찾아낼 수가 없었습니다. 나는 런던에서 가장 신앙심이 없는 사람이었으며, 기독교에 대하여 비뚤어진 편견을 가지고 아프리카로 갔습니다. 그런데 그와 몇 개월 동안 같이 지내는 사이 나는 나 자신이 그에게 빨려 들어가고 있는 것을 느꼈습니다.

그의 경건과 뜨거운 열정, 정직과 아무도 알아주지 않아도 묵묵히 자기 일을 해 나가는 것을 보고, 나는 그가 나를 전도하려 하지 않았지만 조금씩 조금씩 회심하고 있었다는 것을 알았습니다."

전도란 어떠한 구호나, 설득력 있는 말로 되는 것이 아니다. 우리의 살아가는 모습이 전도의 강력한 무기가 되는 것이다. 리빙스턴에 감화 받은 헨리 스탠리는 리빙스턴의 뒤를 이어 아프리카 선교사로 일을 하며, 많은 선교사들이 아프리카에서 헌신하는데 자극제가 되었다.

 예화와 관련된 말씀

이르시되 우리가 다른 가까운 마을들로 가자 거기서도 전도하리니 내가 이를 위하여 왔노라 하시고(막 1:38).

13 | 최 권능 목사의 전도

 최 권능 목사가 황해도 곡산군 어느 산골에서 화전민들에게 전도하던 때의 일이다. 깊은 산골에서는 집이 드문드문 있어서 사람을 모으기가 쉬운 일이 아니었다. 그래서 최 목사는 묘안을 냈다.

"아이구 배야. 사람 살려!"

그는 산골짜기가 울리도록 큰 소리로 고함을 치면서 뒹굴었다. 그러자 인근에서 일하던 사람들이 모두 뛰어와 저마다 물었다.

"배가 어떻게 아프신가요?"

최 목사는 정색을 하고 말했다.

"여러분을 놀라게 해서 죄송하오. 사실은 배가 아픈 게 아니라, 당신들이 앞으로 지옥 갈 생각을 하니 하도 마음이 아파서 해본 소리요. 여러분 제발 예수 믿고 천당 가시오."

화전민들은 어이가 없어서 "뭐? 그럼 예수를 믿으라고 우리를 속인거야? 별 개떡 같은 소리 다 듣겠네." 하고 욕을 퍼부어댔다. 최 목사는 껄껄 웃으면서 말했다.

"옳으신 말씀입니다. 여러분, 내가 여러분에게 믿으라는 예수가 바로 떡입니다. 예수님은 하늘에서 내려온 생명의 떡입니다. 떡 중의 떡이요. 그러므로 예수를 믿으면 죽어도 죽지 않는 천당에 갈 수 있지요."

이 사람들은 어느 새 최 목사의 말에 귀를 기울이면서 고개를 끄덕이기 시작했다. 이렇게 해서 그 깊은 산골짜기에도 주님의 복음이 들어가게 되었다.

예수님은 베들레헴에서 탄생하셨다. 베들레헴은 떡집이란 뜻이다. 생명의 떡이신 예수님은 자신의 살을 십자가 위에서 떡으로 제공하셨다.

예화와 관련된 말씀

> 예수께서 이르시되 나는 생명의 떡이니 내게 오는 자는 결코 주리지 아니할 터이요 나를 믿는 자는 영원히 목마르지 아니하리라 (요 6:35).

14 | 본 회퍼 목사

1939년 뉴욕항을 떠나 독일로 가는 배에 한 청년이 승선하였다. 그가 아직 젊은 나이에 독일로 향한 데에는 나름대로의 이유가 있었다.

당시 독일은 히틀러 정권에 의해 세계 대전에 광분해 있었으며 유태인 대학살과 같은 인류 역사상 가끔 끔찍한 만행을 저지르고 있었다. 그러나 안타깝게도 독일의 교회는 이런 비인간적인 만행를 바라보면서도 침묵하고 있었다. 아니 오히려 '히틀러 만세'를 외치고 있었다. 이러한 독일 교회의 잠을 깨우고 하나님의 공의를 선포하고자 그는 유유히 조국 독일로 향했던 것이다. 그 날 그의 일기장엔 다음과 같은 내용이 기록되어 있었다.

"나의 장래에 대하여 그동안 파도처럼 일던, 몹시도 불안해하던 마음이 이제 잔잔해졌다. 이는 내가 갈 길을 확실히 알게 되었기 때문이다."

독일로 돌아간 그는 나치의 학정에 침묵만 지키고 있던 교회를 일깨우고 히틀러의 죄상을 공격했다. 그리고 그 유명한 '바르멘 선언'을 했다. 그 결과 그는 결국 투옥되고 말았다. 그의 탁월한 학문적 재질을 알고 있던 미국의 교회는 그를 구출하려고 백방으로 갖은 애를 썼다. 그러나 본회퍼는 유니온 신학교 교장에게 다음과 같은 서신을 띄웠다.

"나는 내가 독일에 돌아온 것을 조금도 후회하지 않고 힘차게 일하고 있습니다. 그리고 내가 여기서 해야 할 일이 무엇인가를 분명히 알고 있습니다."

그는 결국 39세의 젊은 나이에 교수대의 이슬로 사라졌다. 그러나 본회퍼는 행복한 인간이었고, 성공한 목사였다. 왜냐하면 그는 자기의 걸어갈 방향과 목표와 할 일을 확실하게 알고 있었을 뿐만 아니라 자신과 긍지를 가지고 살았기 때문이다.

예화와 관련된 말씀

내가 내 목숨을 버리는 것은 그것을 내가 다시 얻기 위함이니 이로 말미암아 아버지께서 나를 사랑하시느니라 이를 내게서 빼앗는 자가 있는 것이 아니라 내가 스스로 버리노라 나는 버릴 권세도 있고 다시 얻을 권세도 있으니 이 계명은 내 아버지에게서 받았노라 하시니라(요 10:17,18).

15 | 스테픈 올린의 꿈

뉴잉글랜드 감리교단의 하나의 빛이었던 스테픈 올린은 한때 그의 사역에 대하여 크게 낙심하고, 목회직을 떠나려고 한 일이 있었다.

그러나 주님께서는 어떤 의미심장한 꿈을 사용하셔서 그의 영적 소망을 회복할 수 있도록 도와주셨다.

그는 자기가 굉장히 딱딱한 바위를 깰 곡괭이를 들고 일하고 있는데, 팔에 힘을 주어 바위를 치고 또 쳐도 표면이 조금도 부서지지 않는 꿈을 꾸었다.

꿈속에서 그는 "소용이 없구나. 이제는 더 이상 일하지 않을 테야."하고 소리쳤다. 갑자기 한 위엄 있는 나그네가 그의 곁에 나타나더니 "너는 이 일을 하나님께로부터 받지 않았느냐?"라고 물었다.

"네, 하나님께로부터 받았습니다."하고 그가 대답하였다.

"그런데 왜 너는 그것을 그만 두려고 생각하느냐?"

"모든 것이 헛되어 보이기 때문입니다."

"바위가 깨어지든 안 깨어지든 너의 임무는 쪼개는 것이다. 오직 그 일만이 네 손 안에 있는 것이지, 그 결과가 있는 것은 아니라는 사실을 기억해라. 자 계속하라!"

그는 힘 드는 수고를 다시 시작하였다. 갑자기 바위가 산산조각이 났다. 스테픈 올린은 꿈에서 깨어나 충성만이 그에게 요구되는 전부라는 사실을 깨달았다.

그는 떠나기로 결심했던 그 일을 다시 되돌렸고, 얼마 후에는 그의 사역에 큰 부흥이 일어나게 되었다.

하나님께서 당신에게 맡기신 과업에 대하여 결코 낙심하지 말라. 합당한 때에 주님께서 그것을 번성케 하실 것이다.

 예화와 관련된 말씀

그러므로 하나님의 능하신 손 아래에서 겸손하라 때가 되면 너희를 높이시리라(벧전 5:6).

그리고 맡은 자들에게 구할 것은 충성이니라(고전 4:2).

16 | 필사의 경주

한 인간이 자기의 부하들을 위해서 그들의 충성과 감복을 위해 처절하리만큼 극진한 사랑을 베푼 어떤 이야기가 하나 있다.

1337년 독일의 뮌헨에서 뒤츠 슈벤블라라고 하는 한 사나이가 반란죄로 잡히게 되어 4명의 부하와 함께 사형을 선고 받고 참수형에 처하게 되었다. 그때에 슈벤블라는 자기의 부하들을 위해서 이렇게 애원을 했다.

"제 목이 절단되는 순간에 제가 떨어진 머리를 들고 부하들이 있는 앞에까지 달려가 볼 테니 제발 저 불쌍한 부하들을 살려 주십시오."

재판관은 그런 일이 어떻게 있을 수 있는가 하며 코웃음을 쳤지만 그의 애원이 하도 간절했던지라 짐짓 그렇게 약속했다.

이윽고 망나니의 칼이 슈벤블라의 목을 쳐 내린 순간, 그는 자기 머리가 떨어진 것을 알고 두 손으로 자기의 머리를 쳐들고 부하들이 떨고 서 있는 앞까지 있는 힘을 다해 달려

가서 부하 4명은 죽지 않고 살게 되었다. 이것을 필사의 경주라고 한다.

모르긴 해도 그 4명의 부하들은 자기가 모시던 이 거룩한 사랑의 소유자에 대해 일생을 살아가며, 남에게 이야기하며 또 자손에게도 이 사랑의 이야기를 들려 줄 것이라고 생각이 된다.

아마도 이런 것이 전도자에게 있는 내적 동기가 아니겠는가?

 예화와 관련된 말씀

> 그가 찔림은 우리의 허물 때문이요 그가 상함은 우리의 죄악 때문이라 그가 징계를 받음으로 우리는 평화를 누리고 그가 채찍에 맞음으로 우리는 나음을 받았도다(사 53:5).

17 | 하나님의 십자가 사랑

전주 화산동에는 군산 영명고등학교 학생들이 성금을 모아 세운 데이비스 선교사의 기념비가 있다. 본명은 린니 데이비스 해리슨 (*Harrison Linnie Davis*)인데 한국에 파송되어 최초로 순교한 여 선교사이다.

1896년 군산에서 아이들과 부녀자들을 대상으로 선교를 하던 그녀는 결혼 후에는 전주 서문 밖에 약방을 개설하고 환자들을 치료하며 선교하였다. 그리고 자신을 파송한 미선교부의 지원으로 병원을 지은 후 본격적으로 의료선교를 하게 되었는데 그 곳이 바로 전주 예수병원이다.

데이비스 선교사는 누구보다 전도의 열정이 강했다. 가가호호 방문하며 전도를 하였는데 한 해에 1,885명을 전도하였다는 기록이 있다. 자신의 몸을 돌보지 않고 오로지 전도하는 일에 목숨을 바쳤다.

특히 어린이들을 사랑하던 그녀는 예수병원에 입원한 어린이들을 돌보다가 열병에 전염되어 41세의 나이로 순교를 하였다. 그녀의 기념비에 이렇게 기록되었다.

'생명을 바쳐 선교한 여장부'

데이비스 선교사가 헌신할 수 있었던 이유는 어머니로부터 배운 십자가 사랑 때문이었다.

그녀는 십자가 사랑에 감격하였기에 전도를 하였으며 가난한 사람을 돌보는 선교사가 될 수 있었던 것이다.

하나님께서 우리를 사랑하셔서 독생자를 보내주셨다. 또 예수께서 우리를 사랑하사 십자가에 달려 죽임을 당하셨다. 우리도 십자가의 사랑을 믿고 그 사랑이 마음에 채워질 때 비로소 영혼구원에 앞장 서게 될 것이다.

 예화와 관련된 말씀

자기 아들을 아끼지 아니하시고 우리 모든 사람을 위하여 내어 주신 이가 어찌 그 아들과 함께 모든 것을 우리에게 은사로 주시지 아니하시겠느뇨(롬 8:32).

18 | 그리스도인이기 때문에

펜실베니아의 어떤 부은행장은 이런 재미있는 이야기를 하였다. 한 전도자가 그의 마을에 와서 많은 군중을 모으기 시작했다. 아침마다 그 전도자는 전날 밤에 걷힌 헌금을 은행으로 가져왔고 지금은 부은행장이 된 그는 그 시간에 금전 출납계원 일을 했다. 그는 여러 번 초청을 받았지만 그 집회에 한 번도 참석하지 않았다.

"그 목사는 사기꾼이야. 그는 우리 마을 사람들의 돈을 갈취하러 여기에 온 자야"하고 말하였다.

매일 헌금이 늘어나자 그 은행 출납계원은 그 목사에게 정중한 대우를 하기가 어렵다고 판단했다. 그 목사는 마지막 날에 예금을 했을 때 가난한 과부가 낸 수표 한 장이 있었다. 그때 은행원들이 말했다.

"이 수표는 받을 수 없습니다. 그 여자는 은행에 넣어둔 돈이 없습니다. 게다가 우리는 1,500불에 저당 잡힌 그녀의 집을 처분할 생각입니다."

전도자는 그 과부의 수표를 찢어버리고 계산대에 가서

1,500불짜리 자기앞 수표를 끊어서 은행에 냈다. 그리고 이렇게 말했다.

"아마 당신들이 이 수표는 받을 수 있을 것입니다. 그 부인의 저당물을 잘 처리해 주십시오. 하지만 누가 그 돈을 지불했는지는 부인에게 말하지 마십시오."

그 은행원은 놀라 말을 할 수가 없었다. 이 일이 그 은행원을 여러 달 동안 괴롭혔으며 이미 돈이 지불된 저당 증서를 그 과부에게 건네주었을 때, 그는 사람의 얼굴에서 그처럼 좋아하는 모습을 본 적이 없었다고 말했다.

그는 그 전도자가 이렇게 한 이유 한 가지를 생각해냈는데, 그것은 그가 그리스도인이었기 때문이라는 것이었다. 그는 자기도 그리스도인이 될 때까지는 그 생각을 떨쳐버릴 수가 없었다고 말했다.

 예화와 관련된 말씀

> 너희는 세상의 소금이니 소금이 만일 그 맛을 잃으면 무엇으로 짜게 하리요 후에는 아무 쓸 데 없어 다만 밖에 버려져 사람에게 밟힐 뿐이니라(마 5:13).

19 | 힘이 다할 때까지

존 엘리어트라는 유명한 설교가는 교회를 사임하고 세계를 두루 다니며 모든 사람에게 복음을 전하고 싶다고 말하였다.

"목사님, 이곳에 오래 계시면 예배당도 훌륭히 짓고 사택도 잘 지어드리겠습니다."

그 교회 교인들은 목사님이 교회에 계속 계시도록 말렸다.

"나의 사명은 한 사람이라도 많은 사람에게 설교하는 것입니다. 그러므로 한 곳에 오래 있을 수 없습니다."

그는 교인들의 만류에도 불구하고 기어이 세계 전도의 길에 올랐다.

그는 80세가 되기까지 설교를 그치지 않았다.

그러다가 힘이 다하여 결국 걸을 수가 없게 되었을 때, 흑인 아이들을 모아놓고 성경을 읽어주고 하나님 나라에 대해서 말해 주었다.

이 같은 모습을 지켜 보던 그의 제자가 그에게 말했다.

"선생님, 선생님은 그 동안 수십년간 일했으니까 이제는 안하셔도 됩니다. 좀 쉬십시오."

그러자 그는 정색을 하면서 거절하였다.

"몇 십년간 일을 했다 해도 일할 수 있을 때까지 일하는 것이 사람의 본분일세. 내가 비록 자리에 누웠으나 아이들에게 이야기해 줄 힘은 아직 남아있네. 그래서 지금 그것을 실행하는 것일세."

 예화와 관련된 말씀

너는 장차 받을 고난을 두려워하지 말라 볼지어다 마귀가 장차 너희 가운데에서 몇 사람을 옥에 던져 시험을 받게 하리니 너희가 십 일 동안 환난을 받으리라 네가 죽도록 충성하라 그리하면 내가 생명의 관을 네게 주리라(계 2:10).

20 | 인간의 의지와 하나님의 뜻

나는 27살까지 결혼을 하지 않고 있으면서 여러 나라들을 다니며 전도자로서, 선교사로서 하나님을 섬기고 있었다.

나는 독신으로 있는 것이 너무나 싫었고 결혼하기를 원했었다. 파리의 에펠 탑 꼭대기에 서서 파리전경을 내려다 볼 때였다. 그 광경이 기가 막히게 아름다워 누군가에게 이 아름다운 정경을 말해주려고 돌아봤지만 내 옆에는 아무도 없었다. 그 순간 내가 혼자라는 것을 절감했다.

성경학교에 다니고 있었을 때 나는 고린도전서 7장에서 바울이 독신으로 지내는 것도 하나님의 은사라고 말한 구절을 발견했다.

나는 그때 진심으로 하나님이 내겐 그 은사를 주시지 않기를 간절히 바랐다.

나는 사역자에게 있어서 아내는 꼭 필요하다는 견해를 갖고 있었고, 주위에는 언제나 매력적인 후보들이 많이 있었다. 그러나 다시 이 말씀을 보면서 아마도 하나님께서 내 삶을 향해 주신 부르심을 위해 내가 독신으로 있기를 원하시나 보다고 생각했다. 그래서 나는 결혼하고자 하는 나의 권리를 하나님의 제단 위에 올려놓았다.

"좋습니다. 만약 그것이 주님의 뜻이라면 기꺼이 저는 결혼하지 않겠습니다."라고 하나님께 말씀드렸다.

그런데 아주 놀라운 일이 일어났다.

그렇게 했을 때 내 안에 새로운 자유함이 생겨났다.

나는 더 이상 '물색하는 일'에 사로잡히지 않게 되었고, 하나님께서 내게 하라고 하신 일을 전심으로 할 수 있게 되었다. 그러다 몇 개월 후에 하나님께서 부르신 일을 계속해서 순종하고 있을 때, 캘리포니아 레드우드 시에서 젊고 발랄한 금발의 아가씨를 만나게 되었다.

그때 그녀도 또한 결혼하고자 하는 마음을 하나님의 제단에 올려놓은 후였다. 하나님께서는 바로 그러한 우리 두 사람을 만나게 해주신 것이다.

– (네 신을 벗으라, 로렌 커닝햄)

 예화와 관련된 말씀

우리가 바라던 것뿐 아니라 그들이 먼저 자신을 주께 드리고 또 하나님의 뜻을 따라 우리에게 주었도다(고후 8:5).

21 | 존의 성령교회

라이베리아 가가다에 존이라는 젊은이가 살고 있었다.

그는 아주 미신적이어서 무당의 굿을 믿었다.

그런데 어느 날 그의 집 가까이에 있는 나무에 벼락이 떨어져 그는 사흘 동안이나 의식을 잃었었다.

그 일이 있은 후 어느 날 밤 꿈을 꾸었는데 꿈속에서 미신을 버리고 그리스도를 믿으며, 그의 말씀을 따라 살겠다는 결심을 표시하기 위하여 예배당을 지으라는 음성을 들었다.

그는 며칠 동안을 고민하다가 끝내 그 음성을 따라 예배당을 건축하기로 결심했다.

존은 결심을 굳힌 다음날부터 교회 터를 닦기 시작했다.

그러나 뜻하지 않게 동네 사람들의 극심한 반대에 부딪히게 되었다.

동네 사람들은 모두 무당을 믿고 있었기 때문이었다. 존은 20일 동안 집에서 금식하며 기도를 하였다.

꿈의 성취와 동네 사람들의 구원을 위해 20일의 기도를 마친 존은 동네에 나가 교회 건축을 반대하던 사람들을 전도하기 시작했다.

그런데 놀랍게도 동네 사람들이 마음의 감동을 받아 회개하고 교회 건축을 도왔다.

"존의 성령교회'"라고 이름을 붙인 이 교회는 그 지방에서 수많은 사람들을 회개시켜 개심하게 하고 세례를 주어 훌륭한 교인이 되게 하였다.

이리하여 존은 많은 사람들을 그리스도의 이름 아래 하나로 묶어 새로운 생활을 하게 하며 생명의 길을 찾게 하였던 것이다.

 예화와 관련된 말씀

눈가림만 하여 사람을 기쁘게 하는 자처럼 하지 말고 그리스도의 종들처럼 마음으로 하나님의 뜻을 행하고(엡 6:6).

너희에게 인내가 필요함은 너희가 하나님의 뜻을 행한 후에 약속하신 것을 받기 위함이라(히 10:36).

22 | 지체 말고 전도하라

R.A 토레이 목사가 영국의 브라이톤이라는 곳에서 전도 집회를 가졌을 때의 일이다.

집회를 돕던 일꾼 한 사람이 어느 식당에서 저녁을 먹게 되었다.

그런데 자기에게 음식을 주문받고 봉사해 주는 웨이터를 대할 때에 어쩐지 그 사람에게 전도를 하고 싶은 생각이 들었다.

그러나 '나 같은 게 뭘…' 하는 생각과 장소, 환경에 대한 부끄러움으로 그냥 마음에 미루어 둔 채로 식사를 다했다.

저녁을 먹고 나오다가 생각하니 그래도 한마디 전도를 해야 되지 않겠는가고 느껴져 식당 앞에 서서 그 웨이터가 밖으로 나오기를 기다리게 되었다.

한참 동안 이 모습을 본 식당 주인이 나와서 혹시 무슨 일로 이처럼 기다리는가하고 물었다.

"네, 아까 저에게 음식을 서빙해 준 웨이터를 기다리고 있습니다."

그러자 침통한 표정을 한 주인이 다음과 같이 말했다.

"손님 늦었습니다. 그 웨이터는 손님에게 봉사를 한 후에 이층으로 올라가서 자살하고 말았습니다."

 예화와 관련된 말씀

어느 여자가 열 드라크마가 있는데 하나를 잃으면 등불을 켜고 집을 쓸며 찾도록 부지런히 찾지 아니하겠느냐(눅 15:8).

너는 말씀을 전파하라 때를 얻든지 못 얻든지 항상 힘쓰라 범사에 오래 참음과 가르침으로 경책하며 경계하며 권하라(딤후 4:2).

23 | 전도의 사표

번역 선교사 타우센트라는 분의 전기에 이런 일화가 있다. 타우센트가 남미에서 전도를 하면서 한 원주민 젊은이에게 복음을 전했다. 빌레모라는 이름의 그 젊은이는 복음을 받아들여 그리스도인이 되었고, 뿐만 아니라 사명감을 느껴서 복음 전도자가 되기로 결심했다. 그 후 그는 전도자가 되어서 열심히 복음을 전하고 주님을 위해 힘껏 일했다. 그런데 그가 어느 날 갑자기 타우센트 선교사에게 와서 이렇게 말했다.

"선교사님. 전 사표를 내겠습니다. 여기 전도자 사표를 가지고 왔습니다."

타우센트 선교사가 물었다. "왜 사표를 내려고 하는가?"

"전도하기가 너무너무 힘들어서요. 저는 전도가 이렇게 어려운 건지 몰랐어요. 이제 사람들의 욕설과 고함 소리와 비난과 비웃음 등 모든 것을 더 이상 견딜 수가 없어요."

빌레모를 바라보던 타우센트가 말했다.

"빌레모군. 자네가 예수님을 영접하고 나서 얼마 후에 나에게 찾아와. '주님이 복음을 전하도록 저를 부르십니다.' 라고 이야기하지 않았는가?", "예."

"그렇다면 나는 자네의 사표를 받을 수가 없네. 그 사표를 받을 수 있는 분은 오직 주님 뿐일세. 그러니 자네는 지금 내게 말한 그대로 주님께 아뢰고 주님 앞에 사표를 내게나."

주저하던 이 청년은 기어들어가는 듯한 목소리로 말했다.

"주님께 이야기하면 아무래도 안 받으실 것 같은데요."

그러자 타운센트 선교사가 "주님께서 사표를 받으시지 않는다면, 그분은 아직도 자네를 사용하셔서 복음 전하기를 원하신다는 것이 아닌가?"라고 말하자, 빌레모는 눈빛이 빛나더니 곧 이렇게 대답했다.

"아. 그렇군요. 맞습니다."

그는 곧 일어나 기도하고. 성령 충만함 가운데 복음 전도의 길을 걸어갔다고 한다.

 예화와 관련된 말씀

또 나를 위하여 구할 것은 내게 말씀을 주사 나로 입을 열어 복음의 비밀을 담대히 알리게 하옵소서 할 것이니(엡 6:19).

24 | 6가지 '무'로 전도하라.

전도할 때 '무'로 전도하라는 말이 있다 그렇다면 '무'로 전한다는 건 무슨 뜻일까? 마음은 여섯 가지 '무'로 전도하는 방법이다.

첫째, 무조건 전도하라.
둘째, 무차별 전도하라.
셋째, 무시로 전도하라. 나는 차를 운전할 때도 신호에 걸리면 전도했다.
넷째, 무릎으로 전도하라.
다섯째, 무안을 당해도 전도하라. 스트레스 받지 말고 쓱 웃고 말라. 미쳤다는 소리 들어도 하나님을 위해 받는 수치를 기뻐하라.
여섯째, 무수히 전도하라. 하나님은 80% 헌신된 100명보다 100% 헌신된 1명을 찾으신다.

우리가 예수님 앞에 갔을 때 예수님이 네가 몇 영혼이나 전도했느냐고 물으신다면 우리는 대답할 준비가 되어 있는

가?

  행복은 주 예수께 받은 사명으로 생명을 걸고 뛰어갈 때 누릴 수 있는 것이다.

 예화와 관련된 말씀

> 내가 달려갈 길과 주 예수께 받은 사명 곧 하나님의 은혜의 복음을 증언하는 일을 마치려 함에는 나의 생명조차 조금도 귀한 것으로 여기지 아니하노라(행 20:24).
>
> 내가 내 자의로 이것을 행하면 상을 얻으려니와 내가 자의로 아니한다 할지라도 나는 사명을 받았노라(고전 9:17).

25 | 찰스 안 박사의 전도방법

미국 교회성장연구소 소장을 맡고 있는 찰스 안 박사는 "교회에 처음 나온 신자들은 예배가 끝난 뒤 10분 동안 교회가 친절한지, 아닌지를 결정한다."며 "10분 동안 기존의 신자들이 집중적으로 새신자에게 관심을 보여야 한다."고 강조했다.

안 박사는 "새신자가 계속 교회에 출석할 수 있도록 후속조치(Follow-Up)를 취해야 한다."며 이같이 말했다.

그는 후속조치에 대해 "새신자들이 다음 주에도 교회에 나오도록 하려면 첫 예배가 끝난 뒤 48시간 이내에 연락해야 한다."며 "목회자나 교역자보다는 평신도가 연락을 해야 효과가 크다."고 강조했다. 또 "소그룹이 다양할수록 더 많은 새 신자들이 참여할 것."이라며 "교회는 새 신자들이 소그룹에 참여할 수 있는 기회를 창조해야 한다."고 말했다.

안 박사는 사람들이 처음 교회에 나오는 이유에 대해 가족과 친척의 권유가 82.5% 로 가장 많고, 교회학교 4%, 목사와 교역자의 권유 3.5%, 집단 전도 3.5% 순이라고 설명했다. 아울러 새신자가 계속 교회에 나오는 이유는 설교, 전도집회, 소그룹 성경공부, 성인교육, 도서, 출판물, 우편발송, 교인들과의 친교 등 다양한 전도 방법을 접했기 때문이라고 말했다.

그는 동화된 교인을 늘리기 위해서는 교인들이 새 신자와 친근감을 유지하도록 하고, 새신자가 소그룹에 참여하면서 새로운 사역과 직책을 맡도록 하며, 새신자들의 참여도를 면밀히 살펴야 한다고 덧붙였다.

교회성장연구소가 480명의 새신자를 상대로 조사한 결과 계속 교회에 출석하는 사람은 평균 7명, 교회에 나오지 않는 사람은 평균 2명의 교인을 각각 친구로 사귄 것으로 나타났다. 이 조사 결과는 기존 신자들이 새신자들에게 얼마나 적극적으로 친근감을 표시해야 하는지를 보여주는 것이어서 주목된다.

 예화와 관련된 말씀

> 또한 우리를 위하여 기도하되 하나님이 전도할 문을 우리에게 열어 주사 그리스도의 비밀을 말하게 하시기를 구하라 내가 이 일 때문에 매임을 당하였노라(골 4:3).